数字图书馆的建设
与服务创新探索

耿选珍　韦汉群◎著

中国商务出版社

·北京·

图书在版编目（CIP）数据

数字图书馆的建设与服务创新探索 / 耿选珍，韦汉群著 . -- 北京 ：中国商务出版社，2025. 3. -- ISBN 978-7-5103-5610-0

Ⅰ . G250.76

中国国家版本馆 CIP 数据核字第 20253Z6X61 号

数字图书馆的建设与服务创新探索

耿选珍　韦汉群　著

出版发行：中国商务出版社有限公司

地　　址：北京市东城区安定门外大街东后巷 28 号　　邮　　编：100710

网　　址：http://www.cctpress.com

联系电话：010—64515150（发行部）　010—64212247（总编室）
　　　　　010—64515164（事业部）　010—64248236（印制部）

责任编辑：丁海春

排　　版：北京盛世达儒文化传媒有限公司

印　　刷：宝蕾元仁浩（天津）印刷有限公司

开　　本：710 毫米 ×1000 毫米　　1/16

印　　张：11.5　　　　　　　　　　字　　数：190 千字

版　　次：2025 年 3 月第 1 版　　　　印　　次：2025 年 3 月第 1 次印刷

书　　号：ISBN 978-7-5103-5610-0

定　　价：79.00 元

前　言

　　图书馆是文化教育场所，是社会主义精神文明建设的重要阵地。它肩负着传播和发展先进文化、提高全民族的思想道德素质和科学文化素质、为经济发展和社会全面进步提供强大的精神动力和智力支持的神圣职责，能满足每一位读者的阶段性教育或终身教育的需要。一直以来，我国图书馆事业始终坚持改革创新，无论是从设施设备方面还是在应用服务方面，图书馆都以先进的信息技术、优质的高效服务，来满足广大读者的不同需求，信息化应用成果颇为丰硕。

　　因时代进步、读者需要，数字图书馆存在发展的机遇，读者对图书馆的认识也随着数字图书馆的建设而不断深入提高。服务读者始终是图书馆存在的根本，因此，需要对数字图书馆做进一步的深入了解，并且不断创新数字图书馆的服务手段和服务方式。

　　鉴于此，本书系统介绍了数字图书馆的内涵、分类、功能等要素，全面分析了数字图书馆的发展现状与趋势，详细阐述了数字图书馆的组织与构建、信息资源建设、人才队伍建设等内容，对图书馆的数字化管理进行了较全面、系统的理论与实证分析，深入探索了数字图书馆服务管理模式与创新实践。本书的主要适用对象是图书馆工作人员，能够为其提供创新的工作思路和服务发展方向，对从事图书馆学教学和研究的人员也有参考价值。在科学技术飞速发展的今天，数字图书馆具有无限发展的空间，其理论与实践都在不断改革与完善之中，希望本书能对数字图书馆的发展起到一定的实践指导作用。

在本书撰写过程中得到了许多专家学者的帮助和指导，在此表示诚挚的谢意。由于笔者水平有限，加之时间仓促，书中所涉及的内容难免有疏漏与不够严谨之处，希望各位读者多提宝贵意见，以待进一步修改，使之更加完善。

作　者

2024 年 11 月

目　录

第一章

数字图书馆概述及发展

第一节　数字图书馆的认知

一、数字图书馆的概念

目前，数字图书馆（Digital Library）是在持续发展中的，国内外学界对其内涵还没有统一的、正式的表述。美国数字图书馆联盟（American Digital Library Alliance）将其描述为一种利用互联网技术和计算机技术获取、存储和整合数字资源，并最终将这些信息资源传播给公众的技术。美国密歇根大学的研究人员提出，数字图书馆是很多个联合代理机制的统称，它使人们能够智能化地、有效地访问全球网络上存在的大量多媒体数字信息，以及仍在不停增长的数字信息。我国部分学者提出，数字图书馆是将信息资源进行数字化处理，通过互联网将不同空间和平台的信息内容进行整合，进而便于人们共享和利用信息，这是一个浩大的工程。

也有一些学者认为数字图书馆是对传统意义上的图书馆进行扩大，对信息进行转化和加工，通过一定的格式存储在网络上，利用标准的检索方式和检索界面以及配套的计算机网络和信息处理技术，即可享受到相应的数字信息服务。还有的学者强调，数字图书馆是一个大系统，是信息处理工程的产物，从各种平台和载体提取信息，加工成数据，进而通过网络传播和共享。

根据这些观点，本书将数字图书馆的概念归纳为以下两个方面。

从图书馆自身来说，数字图书馆是其在空间上的延伸，与传统图书馆相比，其不仅有系统化的功能，也能满足信息的远程获取需求。数字图书馆主要拥有两种资源，一是有物质载体、有现实存放空间的现实资源；二是没有物质载体，没有现实存放空间，只占用云端服务器的虚拟资源。图书馆对已转化成数字信息的资源进行整合，通过网络提供给用户，这就是虚拟馆藏。

从技术层面来看，数字图书馆是图书馆经过技术加工和存储升级的产物，其本质是一种多媒体形式的分布式信息系统。这个系统会将不同空间和载体的信息资源收集起来，用技术手段存储，可以让特定的对象跨区域使用和传播。总而言之，数字图书馆就是更加虚拟和开放的图书馆，是一个更加灵活的知识网络系统，是一个应用更广泛的知识中心。

二、数字图书馆的分类

现阶段，根据服务对象的不同，我们可将数字图书馆分为商业性数字图书馆和公益性数字图书馆两类。

商业性数字图书馆，顾名思义，就是具有营利性质的图书馆。这些图书馆一般是有资本支持的，其用途更具有专业性。我国的商业性数字图书馆的投资主要来自国企，它们的业务范围主要是为一些公共和教育部门提供数字资源打包服务，以及为个人提供资源获取服务。商业性数字图书馆内容主要源于信息内容提供商和数字技术运营商以及电子出版商。高校师生经常接触的知网、维普、万方等平台都是商业性数字图书馆。这些平台有丰富的数据资源和庞大的数据库，也经营存有海量图书资源的网站。

与商业图书馆相对的也就是非商业图书馆，即公益性数字图书馆。公益性数字图书馆更依赖于传统图书馆，其在传统图书馆基础上进行建设，主要由政府部门出资和筹划，同时也由科研机构和高校在原有的实体图书馆的基础上进行扩建。他们提供的平台可以满足我们查阅电子书籍和期刊论文等需求。这种平台具有社会公共服务的性质。公益性图书馆从其他平台包括营利性数字图书馆批量购买数字资源，进行整合，根据用户需求进行分配。这类图书馆主要是服务社会公众的，不以营利为目的，其运营成本主要来自财政拨款，其存在的意义就是追求更高的社会效益。

三、数字图书馆的功能

数字图书馆依托完善的互联网体系和生态，向用户提供优质和便捷的服务，从根本上变革了人们获取和使用信息资源的习惯。数字图书馆主要有以下功能。

（一）信息存储与管理

数字图书馆和传统的实体图书馆各自承载着独特的价值，它们共同致力于人类文化资源的整理和保存工作。在世界各地，无论是宏伟的国家图书馆还是小型的社区图书馆，都珍藏着大量的信息资源。这些信息资源不仅记录了人类文明的发展历程，还涵盖了各个学科的知识和智慧，成为人类宝贵的财富。相较于传统的实体图书馆，数字图书馆在信息资源的保护方面具有显著的优越性。它们能够存储海量的信息，而且由于数字化特点，信息的备份变得异常简单和高效。此外，数字图书馆还提供了强大的检索功能，用户可以迅速找到所需的信息，极大地提高了信息检索的便捷性和准确性。无论是数字图书馆还是传统图书馆，它们的基本职能都是信息储存。只有确保了信息的有效储存，其他功能如信息传播、知识普及和文化传承等才能得以实现，它们才能更好地服务于社会和公众。因此，无论是数字图书馆还是传统图书馆，都是人类文明进步的重要标志，共同为人类的知识积累和智慧传承作出了不可磨灭的贡献。

数字图书馆在信息管理方面扮演着至关重要的角色，其职能主要体现在以下三个方面。首先，数字图书馆致力于对信息进行持续的更新和维护。通过运用先进的智能算法，它能够动态地更新其庞大的信息数据库，确保信息的时效性和准确性。此外，数字图书馆还能够根据用户的检索历史和习惯，主动追踪和推送最新的相关信息，从而为用户提供更加精准和个性化的信息服务。

其次，数字图书馆在信息挖掘方面表现出色。它不仅仅停留在传统的信息管理层面，而是通过智能化的技术手段，突破了单一知识单元的局限性。数字图书馆能够对海量的知识单元进行深入地归纳和重组，从而形成更加系统和全面的知识结构。这种智能化的信息管理方式，使得知识的管理和利用变得更加高效和便捷，极大地提升了用户获取和利用知识的体验。

最后，数字图书馆在智能检索信息方面具有显著的优势。用户可以通过多种检索途径和逻辑进行信息检索，无论是关键词搜索、主题浏览还是高级检索，数字图书馆都支持。更为重要的是，数字图书馆能够根据用户的使用习惯和偏好对检索结果进行智能地组织和编辑。通过分析用户的检索行为和反馈，系统能够不断优化检索算法，从而输出更加符合用户需求的信息结果。这种个性化的信息服务不仅提高了检索的准确性和效率，还极大地提升了用户的满意度和使用体验。

（二）信息通信与服务

相较于传统的实体图书馆，数字图书馆在信息通信功能方面具有显著的优势。无论是对海量信息进行汇总、整理，还是对信息进行高效处理和广泛传播，都离不开数字图书馆所独有的先进处理技术和完善的网络环境。正是基于这些独特的优势，数字图书馆在未来的信息社会中所扮演的角色和地位将会变得越来越重要。数字图书馆提供的通信服务平台和网络工作平台，使得国内外的用户都能够方便地进行访问和交流，打破了地域和时间的限制。在网络技术的有力支持下，各个数字图书馆之间可以实现高效的信息资源共享，使得信息的获取和利用变得更加便捷和高效。

随着数字资源全球化趋势的日益显著，数字图书馆的使命变得更加重要，那就是要满足社会公众对优质信息资源的迫切需求。在信息化时代，信息的丰富程度前所未有，但同时也存在着缺乏规范和约束、较为杂乱无序的问题，无效的信息充斥其中，这给用户在检索和获取信息时带来了极大的困扰，大大降低了信息利用的效率。在这种背景下，对信息进行有效的整理和规范变得尤为重要。因此，数字图书馆将越来越受到社会的重视，成为信息社会中不可或缺的重要组成部分。

（三）信息传播与交流

在信息化时代背景下，图书馆变得更加共享和开放，为人们的工作、学习、日常生活以及娱乐活动提供了更为便捷和高效的服务。通过数字图书馆庞大的资源库，用户可以轻松获取所需的信息和知识，满足他们的个性化需求。此外，数字图书馆还提供了丰富的社区和平台功能，使得用户可以对各种知识和话题进行公开讨论和交流。

政府机构和企业可以充分利用数字图书馆的资源，将他们在使用过程中遇到的各种问题进行汇总，并向馆员和相关领域的专家进行咨询和讨论。这种实时反馈机制不仅有助于用户更好地分享和利用知识，还促进了知识的创新和进步。数字图书馆不仅仅是一个简单的信息存储和检索系统，它实际上是一个庞大的跨学科工程，单靠图书馆自身的力量是难以完成这一使命的。因此，它需要来自各个领域的合作和支持。

为了充分发挥数字图书馆在信息服务方面的职能，不同类型图书馆之间的资源共享显得尤为重要。这种资源共享不仅能够打破信息孤岛，还能够促进知识的广泛传播和利用。因此，实现不同类型图书馆和数字图书馆之间的资源共享，是未来数字图书馆发展的关键方向之一。通过这种合作与共享，数字图书馆将能够更好地服务于社会，推动知识的创新和文化的传承。

四、建立数字化图书馆的必要举措

（一）加大资金投入

资金问题一直是制约我国公共图书馆发展的现实因素。目前，我国图书馆的数字化建设尚处于初期阶段，这段时期必须投入大量的人力、物力和财力。系统开发、维护的费用，图书管理人员与技术研发人员的培训费用，数据库建设的费用等，都需要大量资金的投入。而在技术开发、设备更新方面，因数字化图书馆必须建立在畅通网络的基础上，而网络建设又是一项周期长、耗资大的系统工程，所以需要更多的资金支持。

现在我国在数字图书馆建设方面的投入虽然有所增加，但仍然相对有限，另外，资金投入所产生的实际效果也不是很理想，而且有很多中小型的数字图书馆几乎没有得到资金的支援。如何解决数字图书馆的资金短缺问题已经成为加强图书馆建设的关键所在。对此，可以从以下两方面着手加大资金投入。

首先，要最大限度地争取各级政府的支持，增加财政投入。数字图书馆的快速发展与政府的巨大投入是分不开的。数字图书馆可以大力宣传其存在和发展的重要性，以及数字化建设的战略意义等，使各级政府意识到支持数字图书馆建设的重要性，从而增加资金投入，或者在政策上给予支持。

其次，对现行的资金投入机制进行改革。目前我国公共图书馆的资金投入多来自财政拨款，但财政拨款的投入周期长，这使得公共图书馆数字化建设非常缓慢，同时也缺乏连续性与系统性。在资金投入有限的情况下，数字图书馆建设者可以建立多渠道的资金筹集体系，从地方政府、企业单位、个人等渠道筹集数字图书馆建设所需资金，进而形成一个多元化的资金投入体系。

（二）从组织结构上进行改进

公共图书馆要在做好传统业务工作的基础上，促进各部门职能的数字化。例如，采编部门必须对数字文献的收藏与管理进行学习和研究，从而对传统的业务流程进行改进，采用先进的技术手段对数字文献进行加工；外借部门需要研究如何在增加传统读者的同时，开发网络读者。公共图书馆还要加强电子阅览室的建设，参考咨询部门要提供更为优质的咨询服务。

第二节　数字图书馆起源与演变

一、数字图书馆产生的背景

"数字图书馆"这一名词的出现与美国政府提出"国家信息基础设施"（National Information Infrastructure，NII）建设计划和互联网的迅速普及处在同一时期，显示了它们之间不可分割的联系。最早研究"数字图书馆"的文献始见于1992年，这年7月美国国家科学基金会（National Science Foundation，NSF）举办了"电子图书馆研讨班"（Workshop on Electronic Libraries），会上约翰·加勒特（John Garrett）在介绍美国国家先导研究公司（Corporation for National Research Initiatives，CNRI）的研究项目时提到数字图书馆计划，同年12月同样的研讨班就更名为"数字图书馆研讨班"（Workshop on Digital Libraries），美国著名数字图书馆研究专家迈克尔·莱斯克（Michael Lesk）做了主题发言，名为《数字图书馆：它是什么，为什么是这样的》，此后以"数字图书馆"冠名的各类会议、论文层出不穷，一发而不可收。

（一）数字图书馆产生的外部推动力

数字图书馆的基础根植于整个20世纪80年代对联机情报检索孜孜不倦的追求和探索，以及全文本、多媒体信息处理技术的成熟，其发端可以归因于互联网出现后美国政府对信息基础设施的研究和投入。图书馆员和信息专家对早期的数字图书馆项目有独特的影响，但最主要的影响是来自计算机技术。到今天，大量图书馆、信息机构、出版发行公司等走上了数字图书馆的历史舞台，但背后的推动者仍然是最新的信息技术，图书馆及其他信息机构的社会角色在技术带动的根本性变革的驱动下正在发生着深刻的变化。我们研究数字图书馆的根本目的就是要把握这一变化并且适应这一变化带来的挑战。

随着信息技术的发展，需要存储和传播的信息量越来越大，信息的种类和形式越来越丰富，传统图书馆的机制显然不能满足这些需要。因此，人们提出了数字图书馆的设想。数字图书馆是一个电子化信息的仓储，能够存储大量各种形式的信息，用户可以通过网络方便地访问它，以获得这些信息，并且其信息存储和用户访问不受地域限制。

数字图书馆是传统图书馆在信息时代的发展，它不仅包含了传统图书馆的功能，向社会公众提供相应的服务，还融合了博物馆、档案馆等其他信息资源的一些功能，提供综合性的公共信息访问服务。可以说，数字图书馆将成为未来社会的公共信息中心和枢纽。信息化、网络化、数字化，这一系列术语的核心理念在于信息数字化。同样，电子图书馆、虚拟图书馆、数字图书馆，不管用什么样的表述，数字化就是图书馆的发展方向。

1. 信息高速公路建设中的数字图书馆

信息高速公路是以计算机技术、网络通信技术、多媒体技术等先进的信息技术为基础，以光导纤维、数字卫星系统等为主要信息传输载体，以最快速度传递和处理信息、最大限度地实现全社会信息资源共享和高度社会经济信息化为目的，运用各个地区的大容量、高速交互式信息网络，把政府机构、科研单位、公司企业、医疗部门、图书馆、学校、家庭等信息终端连接起来，从而建设面向未来的社会基础设施。信息高速公路建设所需的技术奠定了数字图书馆建设的技术基础。

2.Internet 网络的迅速推广与普及

20 世纪 70 年代，图书馆逐步利用计算机进行日常管理。80 年代末图书馆自动化系统逐步得到了应用。这大大提高了图书馆的工作效率，但由于受地域的影响，其资源的利用范围很小，在资源共享、远程检索等方面还存在着许多问题。随着网络通信技术的不断发展，数字图书馆应运而生了。高速的数字通信网络是数字图书馆的存在基础，只有网络进一步发展，才能发挥数字图书馆作用。分布式管理是数字图书馆发展的高级阶段，它意味着通过互联网可以把全球的数字化资源联为一体。计算机网络的迅速推广和普及有力地推动了图书馆信息环境的变化，为图书馆的信息资源和信息服务在深度和广度上发生质的变化提供了可能性。作为未来信息高速公路的雏形和最重要的基础设施之一，Internet 网络以其强渗透性融入了人类社会的各个领域，它将促成人类文化结构的重大变动——全新的电子信息文化正在形成。正如适应印刷文化需要的图书馆是纸介质印刷文献图书馆一样，适应电子信息文化需要的则是以电子信息资源为主体的数字图书馆。

3. 电子信息资源的激增

20 世纪 90 年代以来，出版物的数量不断增长，各种数据库的数量也在迅速增加，容量不断扩大，种类也趋于多样化。光盘出版物作为单独发行的电子信息资源的主流，内容丰富，种类繁多，具有多媒体功能。但这些信息利用效率不高，重复严重，因此有必要利用现代信息技术进行管理。

电子信息资源的激增构成了现代图书馆信息环境的变化。有人说："电子出版物的出现和蓬勃发展导致了数字图书馆的产生。"这种说法虽然过于简单，但在某种意义上反映了电子出版物等电子信息资源对于数字图书馆的重要性，它们的确是数字图书馆的重要物质基础。比如，数据库 —— 联机存取类电子信息资源的主体；光盘出版物 —— 单独发行的电子信息资源的主流；电子期刊、电子报纸。

以上择其主要地概述了数据库、光盘出版物、电子期刊与报纸等电子信息资源的迅猛发展情况，这里技术的推动固然是关键，而它们迎合了社会需要、用户需求也是其市场和应用能不断扩大的重要原因。总之，Internet 网络上的信息资源和其他非 Internet 信息资源将构成数字图书馆的重要信息资源基础。

4. 数字化技术的发展

推动图书馆数字化技术发展的直接动因主要有两个：一是信息载体的数字化；二是信息传播的网络化。数字技术是实现数字图书馆的支撑技术，信息要在网络上传输，必须先把各种信息数字化，对其加以编辑、加工、组织、存储，再运用数字传输技术加以传递，并在需要时将这些数字化信息进行再还原。数字化技术包括以下内容：

（1）信息存储技术。近年来，随着存储技术的发展，在扩大硬件容量的同时，也充分发挥软件的潜力，存储的功能越来越强大。

（2）数据库技术。数字图书馆的庞大数字化信息经过规范化处理后，需要以数据库的形式存储起来，更需要采用数据压缩技术、多媒体同步技术、多媒体智能技术等来解决数据库技术问题，数据库技术日趋成熟。

（3）信息传输与通信技术。数字图书馆要通过网络通信技术把各地的海量信息聚集起来，提供给用户使用。必须加强信息资源的管理和引导服务，把大量的网上资源加以组织，以增强信息服务的选择性和针对性。近年来网络设施越来越普及，为数字图书馆的发展提供了便利。

（二）数字图书馆产生的内在驱动力

1. 印刷型文献的保存问题

数字图书馆产生的内在因素之一是印刷型文献的保存问题。传统印刷型文献存在着变质和自然老化等弱点，加上各种自然灾害和人为损害，印刷型文献面临危机和损失，传统印刷文献的有限寿命加大了图书馆文献保护的开支与工作难度。因此，必须利用现代技术将图书馆保存的书刊资料进行数字化。

2. 文献信息的利用问题

数字图书馆产生的内在因素之二是文献信息的利用问题。图书馆存在的目的是为用户服务，但长期以来信息服务的层次较低、手段落后，图书馆必须实现数字化才能使信息传递更快捷、更方便，服务内容更具时效性和针对性，以满足社会化需求。

3. 图书馆经费的问题

社会经济迅猛发展，社会生活水平大幅提升，物价成倍增长，而图书馆经费的增长有限，并且图书馆馆舍空间已经不堪重负。

4. 服务手段落后的问题

传统图书馆以收藏书刊等印刷文献为重点，长期"重藏轻用"，即使开展了信息服务，也因手段落后、服务形式单一，所提供的信息往往是教科书式的过时信息，因而不能充分满足图书馆用户的需求和社会的需要。

（三）数字图书馆产生的社会背景

1. 数字图书馆是社会信息化发展的必然产物

在现代社会中，信息资源成为战略性资源，信息产业发展迅速，为数字图书馆发展提供了良好的机遇。数字图书馆实际上就是伴随着网络迅速发展而产生的，它体现了数字化社会对信息共享和信息开放的根本要求，是社会信息化发展的必然产物。数字图书馆使人类社会信息资源的共享达到一定的高度，为文化传播打开新的大门。如同工业经济离不开交通和能源一样，数字图书馆也是高科技经济发展的基础设施和必要条件，数字图书馆收藏的各类信息对于知识经济来说是必不可少的。数字图书馆凭借高新技术可以快速地传播文化知识，从而推动全民族文化素质不断提高，促进社会的进步和发展。

2. 数字图书馆是评价一个国家信息基础水平的重要标志

自从 1993 年美国国会图书馆与互联网连接，宣布它将迈向数字化时代，世界各国开始把图书馆列入信息高速公路的重要组成部分，纷纷加强对数字图书馆的研究。1993 年，美国提出"国家信息基础设施"（National Information Infrastructure，NII）建设计划，继而又提出建设"全球信息基础设施"（Global Information Infrastructure，GII）的主张，将信息高速公路建设置于美国技术政策和产业政策的核心位置，在世界范围内引起了强烈反响。互联网的信息资源作为 NII 的五大要素（信息资源、信息设施、信息系统、信息网络与信息主体）之一，与具有大量信息源的数字图书馆关系密切，而且数字图书馆是 NII 的重要应用信息系统。信息高速公路建设所需技术包含的要素奠定了数字图书馆建设的技术基础。建设数字图书馆的目的之一是使用户能够通过网络联机存取图书馆的信息资源，互联网的推广和普及为数字图书馆提供了现实的网络环境。

3. 数字图书馆是 21 世纪全球文化竞争的焦点之一

在网络时代，谁最先掌握了技术和资源库，谁就掌握了先机。数字信息资源具有先天的优势，它拥有一个非常庞大的潜在受众群体。数字资源的竞争既是科学技术的竞争，也是文化和意识形态的竞争，更是知识经济时代的市场竞争。因此，大力加强建设数字图书馆，其意义和影响将是深远的，它是参与国际竞争的坚实的文化保障系统，而且为国家创新体系的建立提供了充分的信息流通环境。中国数字图书馆在激烈的网络文化竞争中，为弘扬中华民族优秀文化、抢占互联网上中文信息资源的制高点、将中国文化推向世界发挥着积极的作用。建设数字图书馆工程对于力争在未来的全球性竞争中取得主动权具有重要的社会和经济意义。

4. 数字图书馆建设有利于带动相关行业的发展

数字图书馆工程不仅是高科技的项目，也是跨部门、跨行业的大文化工程。在 1995 年美国政府蓝皮书中，数字图书馆被认为是"国家级挑战"，将其置于国家信息基础设施的高度上通盘考虑。这种政策上的倾斜引起了美国科学界、产业界的高度重视，也带动了许多行业投入资金。数字图书馆工程的启动必将带动相关产业，特别是信息产业和文化产业的蓬勃发展，并通过知识的有效传播，最终关联到各行各业，从而产生巨大的效益及影响。

二、数字图书馆的起源初创期

第一次真正应用计算机存储和处理图书馆信息可追溯到 20 世纪 60 年代末，首先是从建立法律和科学文献的全文索引开始的，美国俄亥俄法律自动研究系统（Ohio Bar Automated Research System，是后来著名的 LEXIS 系统的前身）能够提供法律状态的联机检索，空军建立的法律信息电子系统（LITE）索引了当时美国所有的法律法规和司法解释，并提供检索服务。20 世纪 70 年代 IBM 基于文本存储与检索技术开发了 STAIRS 系统，将其安装在许多大型机中，当时许多图书馆将其用于流通管理等。虽然当时面临一系列的障碍，例如昂贵的计算机、居高不下的存储成本、简陋的用户界面以及网络的缺乏，仍然产生了上述可圈可点的应用，当然图书馆界最值得一提的事件是美国国会图书馆成功开发了 MARC 格式，这是一种机读目录格式。美国联机计算机图书馆中心（Online Computer Library Center,OCLC）多年来利用 MARC 为全球的图书馆进行服务，节省了可观的费用。

同时早期产生了一些信息服务，如联合编目、法律信息系统和美国国家医学图书馆的 Medline 联机数据库系统等，当时采用的是主机—终端模式，少量的信息装载在一台大型计算机上，用户坐在专门的终端前，通过一种低速的通信连接（例如电话线或专用网络）与中央计算机交换信息。这些系统要求用户训练有素，以便通过简陋的字符型人机界面自动搜索，获取本地无法得到的信息。这种模式一直沿用到 20 世纪 80 年代中期，这时大型国际联机检索系统，例如 DIALOG、ORBIT、STN 等已获得普遍应用，通过科学文摘（INSPEC）、美国政府研究报告（NTIS）、世界专利文摘（WPI）等非常重要的科学数据库得到广泛传播，虽然通信费用昂贵，仍然成为各国有一定规模的图书馆和信息机构所必备的信息源。

真正形成数字图书馆概念核心的技术应用发生在 20 世纪 80 年代中期，随着计算机信息存储成本的大幅下降和信息处理能力的提高，特别是个人电脑的普及，1985 年产生了 CD-ROM 这种电子出版的主要载体，接着多媒体出现，一时间联机（online）和光盘成了两种互相竞争的技术，万维网的出现和迅速普及打断了这种争论，多媒体数字信息，而不仅仅是二次文献或事实型数据库全面通过网络提供成为可能，半个世纪的数字图书馆的构想从云端落到了地面。

（一）数字图书馆的早期项目

卡内基梅隆大学的 Mercury 数字图书馆计划（1987—1993）是建造校园、数字图书馆的第一个尝试。卡内基梅隆大学具有先进的计算机及网络设施，其计算机科学系和大学图书馆历来就有革新的传统，该计划的目标是建立一个科技期刊的影像全文服务系统，他们从四家出版公司——ACM（美国计算机协会）、IEEE（电气与电子工程协会）、Elsevier 和 Pergamon 处获得了许可，选取了计算机科学领域中最常用的 16 种期刊，完成了格式转换、存储和在校园网上传递页面图像等功能。

Mercury 计划在技术上有一些创新，例如，其开发了一套数字化生产系统（主要是扫描图像和标引）；体系上采用了客户机服务器结构，并选择 Z39.50 的早期版本作为客户机与服务器之间的协议；其引入了参考服务器概念（类似于 IBM 数字图书馆中的图书馆服务器），负责存放、维护目录索引等信息，维护可检字段、访问控制信息以及与图像的连接等；为了显示位图，该计划中还开发了一个新的算法，按每页 1 ~ 2s 的速度完成压缩图像的获取、网络传输、解压缩和显示等一系列工作；利用该大学成熟的 Andrew 网络服务来认证和打印，通过电子邮件的形式将信息发布给用户。

康奈尔大学的 CORE 计划是 Bellcore、康奈尔大学、OCLC 以及美国化学学会于 1991 年到 1995 年间共同实施的合作项目。它将美国化学学会出版的 20 种期刊共 4 年的文章转换为数字信息，总计约 40 万页。在技术上与 Mercury 计划非常相似，它的一个特点是开发了一套具有化学特点（如显示特殊的分子式等）的用户界面，这个特点至今在互联网通用浏览器上还没有得到很好地体现。CORE 项目还首创了几个做法，有些成为以后许多数字化项目的典范，例如每篇文章有两种存储版本：图像版本和用 SGML 标记的文字版本，图像版本用来显示和打印，保证了与原印刷版本完全一致；而 SGML 文本则用于全文检索。图像也存储两幅，一幅分辨率较高（300dpi）的黑白图像用于打印，另一幅分辨率较低（100dpi）的灰度图像用于显示。该计划在当时面临海量信息（约产生了80GB的数据）的管理问题，这一问题也为以后的项目所重视。

继Mercury和CORE计划之后，又出现了一大批其他计划，也都是探索期刊论文扫描图像的有效利用方法。一个最著名的例子是Elsevier Science Publishing的Tulip计划，Elsevier向卡内基·梅隆、康奈尔等大学提供了材料技术领域的43种期刊扫描图像。

美国最有影响的数字图书馆项目可能要算"美国记忆"（American Memory）计划了。它起初是一项试验计划，从1989—1994年，它选择并复制了一部分对研究美国历史和文化有着重要意义的收藏，以数字化的形式在美国国内发布，探索各种媒体的资料（印刷品、底片、早期电影、录音等）的处理和利用方法。最初采用CD-ROM（数字形式）与激光视盘（模拟形式）相结合的方式，但从1994年6月之后，万维网成了该项目使用的主要甚至唯一发布方式。该项目之后，美国国会图书馆又展开了"国家数字图书馆计划"，将上百万具有史料价值的藏品转换为数字形式（主要是图像扫描配合全文索引）并通过互联网访问。

作为一个收藏丰富的国家图书馆，其数字化政策和方法是非常受人瞩目的。保藏和利用是其考虑数字化计划的两个要点，该计划的许多做法也影响了后来许多公共图书馆的数字图书馆计划，其网页也成为许多图书馆制作网页时的参考对象。

（二）部分早期数字图书馆项目一览表

通过扫描得到影像数据的数字化转换项目也是目前我国数字图书馆建设中通常使用的做法，反映了出版业尚未完成"数字化"前的状态，没有真正"数字版"的出版物可以作为数字图书馆的源泉。印刷业中使用多年的计算机排版完全是为了印刷品的生产，目前美国正在跨越这个阶段，数字图书馆开发和建设中有望直接采用标准化的资源形式，可以将注意力集中在更加专业的问题上。

万维网技术的产生和普及对催生数字图书馆有着异乎寻常的重要意义。虽然目前的万维网技术对数字图书馆来说不是非常理想的技术，但由于其开放性和标准化，目前得到了空前广泛的应用，为数字图书馆的内容发布提供了强大的平台。特别是万维网浏览器存在于所有标准的计算机和操作系统中，数字图书馆计划不再需要为不同类型的计算机开发特殊的用户界面，这也使得数字图书馆技术能够专注于分布式资源存储管理、资源揭示等核心领域，使得大量的数字图书馆项目或数字化项目能够有一个共同的技术基础。这也是将万维网技术的出现和普及作为数字图书馆早期与概念成型期历史分野的主要原因。

三、数字图书馆的概念成型期

站在今天的角度，可以认为过去的 20 多年一直在为数字图书馆的实现进行技术积累，清除技术障碍。直至 20 世纪 90 年代早期，一系列的技术进步彻底破除了建立数字图书馆所面临的最后障碍。虽然技术永远是不充分的，但经济廉价的设备和急剧成长的网络规模最终产生了量变到质变的飞跃，数字图书馆最终成为一个明确的研究开发领域，从而获得大量的研究经费，得到高度重视。

1993 年 11 月至 1994 年 2 月间，美国连续四次召开有关"数字图书馆"的专题会议，"数字图书馆"这一名词已经不是计算机界或图书馆界的专业术语，而成了许多专业会议的口头语。"数字图书馆"这一名词被广泛使用，此时人们对于规范数字图书馆这一概念内涵提出了强烈要求。这一概念最早来自人们对于计算机信息处理能力的憧憬，来自技术所提供的可能性，也来自构建国家信息基础设施的要求。从文献上看，1993—1998 年，美国进行过数次大规模的研讨，包括后面将提到的美国信息基础设施任务组（Information Infrastructure Task Force，IITF）的专题研讨，虽然并没有形成完全统一的认识，但无疑对统一认识、交流成果起到了非常积极的作用。

首当其冲的依然是具有美国政府背景的研究机构及非营利性公司等。1986年成立的美国国家先导研究公司是一个非营利性研究机构，其总裁兼首席执行长（CEO）曾经是美国国防部高级研究计划署信息处理部主任、Internet 前身 ARPANET 的主要设计者、被《今日美国》称作互联网之父的罗伯特·卡恩（Robert Eillot Kahn）。CNRI 公司主要从美国政府获得经费，承担许多国家信息基础设施建设所必需的基础性研究，可以说是设计美国国家信息高速公路的主要机构，后来负责维护大多数互联网协议、标准及草案等。"数字图书馆的基础结构"是卡恩 1995 年发表的数字图书馆奠基之作，从某种意义上说卡恩也是"数字图书馆之父"。

该报告中确立的数字图书馆基础结构获得了随后大多数研究计划的一致支持，被称为 Kahn-Wilensky 结构（简称 k-w 结构），曾有 William Ams 等写过为数不多的几篇论文对这个主题进行进一步深化和讨论，但基本沿用了该报告中提出的基本概念和体系结构。该报告中提出的数字图书馆是一个在广域网中面向对象的分布式的数字资源组织体系。提出这些想法能够从本质上改进目前互联网在资源组织上的与生俱来的弱点。该报告提出一整套新的概念体系，例如"数字对象"（Digital Object）、"调度系统"（Handle System）"元数据与键元数据""统一资源命名域（Universal Resources Namespace，URN）及其认证""资源库访问协议"（repository access protocol）等，影响了以后的所有数字图书馆技术研发项目，包括美国数字图书馆先导研究计划第一期（Digital Library Initiative I，DLI1）中的许多项目、美国国会图书馆的国家数字图书馆计划以及各大公司对于数字图书馆的理解。该报告中提出的设想实际上是对整个互联网结构的优化，可能由于太过"基础"，在互联网的应用如日中天之时，不可能得到普遍推广，到目前为止我们还只能看到一些试验性应用开发项目。

目前我们已经历了数字图书馆概念形成的阶段，基础的技术框架已经形成，但技术开发仍然是现在数字图书馆研究和发展的主题，对于将来数字图书馆的形态仍然起着决定性的作用。至今我们仍然不能确定将来的数字图书馆究竟是怎样的，我们还处在数字图书馆的成长期，那些对"无纸化时代"的预测曾引起学术界激烈争论，已经数次落空，我们不愿再作类似的预言。然而直到现在，技术的研发还没有看到放慢脚步的迹象，人们依然在大量地往数字图书馆里面投资，在数字图书馆领域集中了计算机与通信技术里最尖端的东西，虽然有许多不能算是主流，但非常前沿。

第三节　数字图书馆发展

目前关于数字图书馆的概念界定、理论方法和技术路线仍存在很多不确定和不一致的内容。这也说明数字图书馆理论和技术还远远没有形成完整的科学体系，在许多方面还需要进一步地研究和完善。同时，我们也发现各种概念和模型中所共有的一些数字图书馆的基本内容和原则。尽管目前人们对数字图书馆持有不同的认识，拥有不同的试验平台及系统，但是就像拥有多种不同的图书馆自动化系统一样，数字图书馆系统也将是多样化的。下面我们从图书馆事业的角度出发，就发展数字图书馆的基本原则、外部环境和传统图书馆事业的变革与创新三个方面，作简要分析和论述。

一、发展数字图书馆的基本原则

数字图书馆是一个新鲜事物。目前，不仅对数字图书馆的认识和理解方面尚存在争论，其理论体系尚不完整和成熟，同时在支撑数字图书馆构建的技术、知识产权等法律和社会问题以及组织实施方面亦存在一些障碍。因此，目前还不具备构建一个数字图书馆的成熟模式和方法。根据信息技术和网络的发展趋势，以及已经取得的数字图书馆方面的研究成果，数字图书馆将成为传统物理图书馆的必然发展方向和用户高效率地获取高质量信息资源的主要途径和设施。尽管数字图书馆的理论和技术还不完善和成熟，但是发展数字图书馆已经成为必然的趋势，数字图书馆的研究开发和实践活动的时机已经到来。通过数字图书馆的研究开发和试验，促进数字图书馆理论和技术的发展与完善，再利用新的理论和技术指导数字图书馆的实践。这种理论与实践相互促进和相互作用的模式，是目前数字图书馆建设的基本模式。

目前的数字图书馆研究开发与实践正处于探索性阶段。一方面，开发数字图书馆已经成为必然趋势；另一方面，许多研究机构正在从多种角度开发数字图书馆技术，并已拥有若干不同的数字图书馆试验系统。因此，在目前情势下有必要通过分析与数字图书馆密切相关的互联网和传统物理图书馆的内在关系，梳理出一些在数字图书馆研究开发中必须坚持的基本原则。

从图书情报事业和文献信息服务的角度看，数字图书馆是以传统物理图书馆为组织机构基础的，以互联网络为平台的，全新的信息收集、整理、组织加工、检索查询和发布传递的信息服务系统。数字图书馆既不是传统物理图书馆资源的简单数字化和上网服务，也不是只存在于网络，等同于一个普通的门户网站。数字图书馆的核心和本质是充分利用现代信息技术，以计算机网络为基础平台，构建有利于产生新知识（知识创新）的资源、工具及合作环境。这种作为环境的数字图书馆不仅仅局限于网络数字信息资源的开发利用，更是一个促进信息获取、传递、交流的知识网络。因此，在数字图书馆的研究开发中，必须制定明确的目标，清晰地勾画出所构建的数字图书馆的体系结构、资源（内容和服务）和功能，为此，必须明确数字图书馆具备的若干不同于传统物理图书馆和互联网的特征，并以此规划和发展数字图书馆。

（一）在传统图书馆基础上发展数字图书馆

数字图书馆采用的是一种与传统物理图书馆不同的，以互联网为平台，以数字信息为载体和对象的全新的信息发布、传播、收集、整理、组织加工和传递的模式。无论怎样，数字图书馆在本质上仍是通过信息资源的收集、整理、组织加工和传递，为用户提供各种信息服务，尽管其载体、手段、方法和模式发生了变化，但它只是在以计算机和网络技术为基础的新的环境下对传统物理图书馆功能的继承和创新。因此，数字图书馆的研究开发只有以传统的物理图书馆为基础，才能避免浪费。只有将传统图书馆学、情报学的各种理论和方法应用于数字图书馆的研究开发中，才能使图书馆学、情报学的理论成果发挥作用，也才能将传统的物理图书馆同数字图书馆理论和技术完美地融合起来。数字图书馆同传统图书馆一样，具有组织和机构特征。尽管在体系结构和信息资源分布上，数字图书馆是"无墙"的和"虚拟"的，在组织上却是"实在"的，具有典型的机构特征。可以说，在传统物理图书馆的基础上开发数字图书馆不仅具有上述各种优势，而且在印本文献仍大量存在的情况下，以传统图书馆为基础发展数字图书馆，完全符合目前用户对信息资源需求的客观规律。

已有研究和实践告诉人们，在传统物理图书馆的基础上开发数字图书馆，并不是简单的资源上网和提供链接，也不仅仅是门户网站的建设（无论是水平门户还是垂直门户），而是必须针对数字图书馆体现出的以用户为中心、提供快速高效的信息检索查询、提供个性化服务以促进学习和创新，对传统物理图书馆的体制、运行机制和各项业务流程进行改革、重组和创新，进而构建一个适应数字图书馆发展方向的全新的环境。

（二）在数字图书馆系统设计和开发中必须坚持分布式原则

分布式原则是贯穿数字图书馆各个层次的普遍原则。在体系结构上，数字图书馆系统和平台以互联网为基础环境。因此，数字图书馆的体系结构设计必须坚持分布式系统的原则。

在信息资源方面，数字图书馆资源在理论上可以分布在互联网的各个角落，只要数字图书馆的系统覆盖这些资源，那么这些资源就可以看作该数字图书馆的信息资源。这种分布式的信息资源要求数字图书馆必须采用分布式结构。

在互操作和集成方面，数字图书馆必须对广泛的异构系统、平台、数据库和其他信息资源实现各个层次的互操作，为用户提供一体化的集成信息服务，对于大量的增长迅速、类型繁杂的网络数字信息资源和服务来说，分布式原则是唯一的选择。

数字图书馆区别于传统自动化图书馆的重要特征之一是数字图书馆强调个性化服务，为不同的用户提供不同的信息资源和服务，这需要对网络数字信息资源进行适时的动态重组，另外，数字图书馆本身也是一个网络的概念。一个具体的数字图书馆拥有多个合作伙伴（信息资源和信息服务的提供者或共享者）。同时，该数字图书馆也是其他若干个数字图书馆的信息资源和信息服务的提供者。上述情况都要求数字图书馆必须具有一个动态的、灵活的、可扩展和联合的结构。因此，在几乎所有的数字图书馆研究项目和试验平台中，都采用了基于组件的分布式设计原则。总之，分布式原则是数字图书馆系统和平台设计的基础。

（三）确定数字图书馆的类型、范围和边界

如果从数字图书馆存在于互联网的角度出发，在技术上可以说数字图书馆

是无边界的，任何用户在互联网的任何角落都可以不受时空限制地通过数字图书馆查询和获取所需信息资源。如果从数字图书馆的构建者和维护者的角度出发，从数字图书馆覆盖的信息资源和提供的信息服务看，数字图书馆同传统图书馆一样，也有类型之分，也有地域范围和边界。

数字图书馆的类型、范围和边界取决于数字图书馆的定位、用户群的类型和相应的信息需求。例如，在大学创建数字图书馆，其用户群的主体是教师和学生，该数字图书馆创建和组织的信息资源、提供的信息服务必须以教师和学生为主，必须为大学的教育，提高教师、学生之间的交流与合作，帮助学生学习，促进学生善于发现、提出和解决问题服务。大学数字图书馆的信息资源的创建和组织，必须围绕课程的设计和教学进程进行，提供的信息服务应以课件开发和联机教学等为主要方式。对于专门数字图书馆来说，其更像一个专业群体内部的知识网络，在系统设计中更加强调把某一学科、某一专业领域分布在各个地方的研究人员通过数字图书馆组织起来，加强研究人员之间的交流与合作，促进研究人员及早发现和获取最新的科技信息，提供科学研究和工程设计所必需的各种工具、各种数据和统计分析等，通过数字图书馆提供的信息资源和信息服务，促进科研人员不断创新。对于公共图书馆来说，更加侧重于为尽可能多的各个类型、各个层次的用户提供科学技术、文化、教育、娱乐、休闲等服务，无论是信息资源的类型和搜索范围，还是提供的信息服务，都要求尽可能多样和广泛，满足大众各种信息需求。

另外，尽管数字图书馆仍将以公益性服务为主体和原则，但是与传统图书馆相比，公益性的内涵发生了变化。由于数字信息资源的易复制性和通过网络的广泛传递性，改变了传统图书馆时代以印本文献为主体的知识产权保护规则，数字图书馆引进和开发的信息资源具备严格的地域限制（网络区域限制）。因此，从用户和数字图书馆信息服务范围两个方面看，尽管在技术上数字图书馆是通向全球的，实际却是有边界和地域范围限制的。

通过上述分析可以发现，尽管从理论和技术上看，任何一个用户在互联网的任何一个角落，都可以访问并获取数字图书馆的信息资源和服务，但是，任何一个数字图书馆在构建中，都是有类型和边界的，无论是创建和组织的信息资源，还是提供的信息服务，并不是覆盖全部网络的，而是覆盖纷繁复杂的信息资源中的某一部分或某种类型的信息资源和信息服务。

（四）加强数字图书馆理论与技术的研究开发

在传统图书馆基础上发展数字图书馆具有很多优势。但是，数字图书馆具有很多传统图书馆所不具备的新的特点和对传统图书馆一些基本原则和方式、方法的否定，而且，目前关于数字图书馆理论与技术的研究开发，只是取得了初步的成果，还有很多理论和技术问题尚未得到解决，特别是关于数字图书馆的理论与技术还不成熟，正在不断地变化和发展。因此，在发展数字图书馆过程中，必须加强数字图书馆理论和技术的研究开发，坚持理论先行，以理论指导实践，在实践中不断发展和完善理论的基本原则。加强数字图书馆理论与技术的研究开发主要包括两个方面的内容：一是数字图书馆技术的研究开发，包括数字图书馆的体系结构、互操作性、信息描述与组织、信息检索以及与数字图书馆有关的其他各种信息技术（如人工智能技术的研究和应用、元数据标准的开发、知识产权保护技术、网络支付和认证技术等）的研究开发。二是数字图书馆的发展模式研究，主要涉及与发展数字图书馆的组织实施有关的各种问题，如数字图书馆的系统及其功能设计与实现、与知识产权有关的各种法律和政策问题、数字图书馆的运行模式和与传统图书馆的业务重组和功能创新有关的各种问题。

二、发展数字图书馆的外部环境

在讨论和分析了数字图书馆的基本理论与技术之后，我们发现仅有数字图书馆的理论和技术以及设计方案，并不能保证数字图书馆的顺利发展。网络和数字信息资源是数字图书馆发展的基础，而网络和数字信息资源导致传统信息发布、传播、组织加工和传递的基本规则正在受着巨大的冲击。因此，需要重新构筑和优化支撑网络和数字图书馆发展的外部环境。发展数字图书馆的外部环境（基础环境）主要包括：网络环境与信息技术条件、法律和社会保障、传统图书馆的发展。发展数字图书馆必须对基础环境进行详细的调查和分析，根据基础环境的情况，确定发展数字图书馆的目标和模式。在不同国家、不同地区甚至不同行业和领域内，基础环境具有较大差异。因此，发展数字图书馆的模式也就不同。

（一）网络环境与信息技术条件

20 世纪 90 年代以来，网络的发展和普及应用速度十分惊人。在各国政府的大力支持下，各种"信息高速公路"计划不断出现，网络基础设施建设力度很大，网络覆盖范围和用户数量持续快速增长，网络带宽不断增加，与网络相关的各种通信和计算机等信息技术不断发展。近些年来，在政府持续加强网络基础设施建设的同时，通过风险投资等手段进行融资的各种商业网站更是异常火爆。据统计，平均每三天就有一个商业网站诞生。另外，网络技术和网络服务也在不断扩展和深化，特别是宽带网 IP、三网合一、数据仓库技术及最近流行的移动网络接入服务 WAP 和个人掌上电脑（个人数字化助手 PDAs）等都显示了网络的蓬勃发展势头。互联网和信息技术这种迅猛发展形势，为数字图书馆的开发提供了基本的网络环境和信息技术保障，也为数字图书馆提供了广阔的发展空间和越来越庞大的潜在用户。但是，相对于数字图书馆的要求来说，目前的网络环境和信息技术还存在一些亟待解决的障碍，例如，与实时多媒体信息传输有关的带宽不够、网络瓶颈现象、信息检索技术、人工智能技术、虚拟现实技术、自动标引技术、互操作技术等问题，都需适时研究解决。

（二）法律和社会保障

法律和社会保障问题是影响数字图书馆发展的又一重要因素。数字图书馆的发展必须有配套的法律和社会保障措施的同步发展。目前，与网络信息传递有关的知识产权保护和有偿使用的相关法律及政策，网络信息发布和传播的相关法律、法规和政策，网络费用支付与国际结算机制等，都还不完善甚至空白。

另外，不同国家和地区在网络管理方面也存在很大的差异。数字图书馆需要一个跨国、跨地区的网络。如何解决不同国家和地区的法律和政策的差异，同样是数字图书馆面临的重要问题。有关数字图书馆的法律和社会保障问题，不仅是数字图书馆面临的问题，更是整个网络所必须解决的支撑性和保障性问题。而且上述法律和社会保障问题，不是数字图书馆的开发者能够解决的，需要政府机构和行业组织共同努力。如果上述问题得不到很好地解决，将会阻碍网络和数字图书馆的发展，甚至引起混乱。目前，配套的法律和社会保障机制不健全，导致网络信息资源质量参差不齐，高质量的信息资源，特别是科学资源由于缺少必要的保护而拒绝网络的现象已经出现。与网络有关的法律和社会保障问题是一个十分庞大的课题，必须依靠政府和学术团体及企业家的共同努力来逐步研究解决。

（三）传统图书馆的发展

在数字图书馆概念及相应的理论与技术出现以前，传统图书馆承担着人类社会主要的信息收集、整理、组织加工和传递的任务。在计算机技术应用于图书馆工作以后，机读目录和文献数据库就已经将传统图书馆带入了自动化图书馆，而且随着网络和数字信息媒体的出现，传统图书馆逐步将各种类型的数字信息资源作为收藏、加工处理和提供服务的重要内容，并努力加强网络建设，通过网络提供更大范围、更快捷、更方便的信息服务。

在数字图书馆概念及相应的理论与技术出现后，图书馆界迅速地抓住这一契机，积极开展数字图书馆的研究开发与实践活动，以美国 NSF 资助的 DLI2 项目、西方七国集团数字图书馆项目等为代表的数字图书馆项目已经数不胜数。我国也开展了数字图书馆的研究开发活动，如中国数字图书馆工程的正式立项和启动、中关村科技园区数字图书馆群项目、IBM 与清华大学及辽宁省图书馆合作的数字图书馆项目等都有很大进展。

通过分析目前传统图书馆的基本情况，还可以发现，许多传统图书馆已经涉及了目前几乎所有的信息资源，而且正在对自动化、网络化进行不断地改进和完善，并试图向数字图书馆方向发展。因此，在传统图书馆基础上发展数字图书馆已具有很多优势，能够在激烈的网络信息服务竞争中保持优势，而且传统图书馆已经具备了发展数字图书馆的各种基础，包括网络环境、基本技术条件、人员、信息资源以及用户群等。但是，数字图书馆毕竟与传统图书馆存在很大的不同。因此，必须在新的环境下，对传统图书馆进行准确的定位，根据定位对传统图书馆的业务和功能进行创新与重组，改革管理体制和运行机制，确定符合数字图书馆发展规律和要求的信息资源开发策略和模式，从而促进图书馆事业的全面发展。

三、传统图书馆事业的变革与创新

传统图书馆的持续努力和发展所取得的成绩，已经为发展数字图书馆奠定了良好的基础。同时，面对数字图书馆的挑战，传统图书馆还具有一些不适应信息服务发展趋势要求的旧思想、旧体制和旧模式。许多旧观念和消极因素顽固地束缚着图书馆的新发展，严重地限制了图书馆在网络环境中的发展空间。因此，必须对传统图书馆进行相应的变革与创新，建立一种新的适合于数字图书馆发展的环境和条件。笔者认为，传统图书馆事业的变革与创新应体现在以下几方面：确定发展数字图书馆的明确目标；建立快速灵活的信息处理机制；确定符合数字图书馆发展的信息资源采集策略和开发利用模式。

（一）确定发展数字图书馆的明确目标

数字图书馆是传统图书馆的发展方向，几乎已经成为无可争论的事实。但是，在传统图书馆向数字图书馆发展过程中，必须正确理解数字图书馆的含义，必须根据社会信息需求和政治、经济、科技、文化和教育事业的发展，确定符合社会信息需求和图书馆客观发展规律的数字图书馆目标。确定发展数字图书馆的目标的主要内容如下：

第一，数字图书馆没有统一的模式，不同国家和地区、不同类型的图书馆发展数字图书馆的模式各不相同。例如，在发展数字图书馆的基本原则中，已经阐述了大学图书馆、专门图书馆和公共图书馆在发展数字图书馆方面的区别和各自的特点。正是由于数字图书馆没有固定的模式，所以斯坦福大学数字图书馆研究小组开发的 Info Bus 并不能被称为数字图书馆，而是称其为支撑数字图书馆的基础结构。但是，不能因为发展数字图书馆没有固定的模式，而将数字图书馆简单地理解为资源的数字化和网络信息服务，在发展数字图书馆过程中，没有明确的目标和原则。恰恰相反，发展数字图书馆，必须在坚持发展数字图书馆的基本原则的基础上，根据图书馆自身的类型和用户群的特征及信息需求特点，设计明确的数字图书馆发展目标。

第二，数字图书馆从技术上看是一个以数字信息资源为对象、以网络为基础平台的信息网络系统。但是，在传统图书馆基础上发展数字图书馆，具有很强的机构特征。传统物理图书馆是数字图书馆技术的机构和物理载体。在功能上，数字图书馆是对传统图书馆功能的继承、创新和发展。因此，在应用各种数字图书馆技术开发传统图书馆不具备的、以用户为中心的、多种类型和载体的信息资源的集成服务的同时，社会仍然要求传统图书馆的印刷载体文献的保存、社区借阅服务等功能必须被数字图书馆所继承。例如，在信息资源的保存方面，数字图书馆不仅要承担保存数字信息资源的任务，同时仍需保存传统的印刷载体馆藏。据统计，软盘的保存寿命为 18 个月，光盘的保存寿命为 10 年左右，硬盘的保存寿命也不过 30 年，而数据库最多每 50 年必须进行一次备份和更新。由此可见，这些数字信息资源的保存寿命比印刷载体文献的寿命要短得多。在社区服务方面，在可预见的未来，受到人们阅读习惯等多种因素的影响，印刷载体文献将仍然是信息的主要载体。因此，数字图书馆也必须收集印本文献，并提供相应的借阅服务。

（二）建立快速灵活的信息处理机制

数字图书馆信息服务的一个主要特点是利用先进的信息技术，对不同种类、不同结构的数字信息资源间的差别进行屏蔽，通过互操作对异构信息资源和服务进行无缝连接，为用户提供一揽子的集成信息服务。在目前的网络环境中，信息资源的载体纷繁复杂，形式多种多样，数量异常庞大，信息资源的时效性和动态性不断增强，传统图书馆无法对这些快速、复杂、多样的信息资源做出快速反应。因此，面向发展数字图书馆的目标，必须对传统图书馆进行改革，建立符合数字图书馆特点和需求的、快速灵活的信息处理机制。为建立符合数字图书馆需求的信息处理机制，至少需要对传统图书馆进行以下三个方面的改革。

1. 体制和运行机制改革

随着计算机、网络、通信等信息技术的飞速发展和网络的迅速普及，信息发布、传播与信息交流的渠道日益多样。同时，随着社会经济的高速发展，对信息的需求更加紧迫。网络具有方便、快速的优势，导致传统图书馆信息服务相对冷落。尽管传统图书馆一直在发展和利用网络开展信息服务，但是，以网络为依托发展起来的网络内容提供商和网络信息服务提供商，依靠强大的资金投入和灵活的市场机制，得到了快速的发展，各种商业网站、门户网站（水平门户和垂直门户）的增长速度十分惊人，质量水平不断提高。在信息服务领域，传统图书馆已经受到了来自数据加工业和信息咨询业的强烈冲击。同时，在图书馆界内部，为争夺流动性日益增强的用户的竞争已经开始，大多数的图书馆，特别是大型图书馆已经强烈地感觉到了来自外部和行业内部竞争的生存压力。在这种环境下，传统图书馆发展数字图书馆，仅仅依靠先进的信息技术和现有的信息资源是不够的，必须对传统图书馆的管理体制、运行机制、分配制度等进行改革，引进竞争和奖励机制，形成有利于事业发展的良好的管理体制、运行机制和创新环境。在体制和机制上建立对动态的、复杂多样的信息资源做出快速反应的制度保障。在这方面，无论是公共系统、高校系统，还是科研、专业系统，均有不少图书馆和情报机构已迈出可喜的一步。

2. 对传统图书馆业务管理模式进行改造和重组

传统图书馆的业务管理以印刷载体文献的收集、整理、组织加工和传递为基础。为了便于对印刷载体文献的加工处理，传统图书馆的业务管理基本是按照印刷载体文献的类型（图书、期刊、会议文献、科技报告等）和语种（中文、西文、俄文、日文等）实行分类管理、分类收集和加工整理与服务。这种业务管理模式在传统图书馆业务管理中发挥了重要的作用。这种业务管理模式对数字图书馆所要求的集成化信息资源加工和信息服务来说，无异于设置了障碍。为了便于传统图书馆馆藏的分类管理，对传统图书馆的馆藏和数字信息资源实行分类存放是无可厚非的。但是，相对于信息资源的采集和加工而言，上述管理模式则存在很多弊端。首先，按照文献类型（图书、期刊、电子出版物和数据库等）和载体类型（印刷载体、数字载体）分别进行信息资源的采集，导致同一主题领域的不同类型和载体的文献信息资源的相互分割独立，破坏了信息资源采集的一致性和完整性，容易出现用户在查询获取某一主题领域的信息资源时，因为各种类型和载体的文献资源不匹配和不完整而错漏、片面；其次，采用上述按文献类型和载体分类的信息资源加工模式，导致信息资源加工部门数量过多，功能重复，从而造成不必要的重复劳动和较低的工作效率；最后，随着信息资源类型的不断增多，上述管理模式将导致更多功能重叠的独立机构出现。这样，不仅浪费重复劳动，而且对各种信息资源的集成处理将更加困难。因此，面向发展数字图书馆的目标，必须树立新的、系统的采购、加工和服务的思维和观念，彻底改革传统图书馆的业务管理模式，建立一个精练的负责所有类型信息资源采集和加工的新机构，对图书馆信息资源的采集、加工实行集成化管理，这样才能在信息资源的采集和加工方面保持对动态信息资源的快速反应能力。

3. 积极开展数字图书馆理论研究和实践开发活动

在建立起适应竞争需求的管理体制和运行机制，并确立了符合数字图书馆发展的业务管理模式以后，传统图书馆还应加强数字图书馆的理论研究和开发实践工作。虽然在世界范围内，尤其是发达国家，关于数字图书馆的研究开发活动也只是在 20 世纪 90 年代才开始的，但是，迄今已经取得了很大的进展。而我国关于数字图书馆的研究开发活动还只是刚刚开始，尚无比较系统和成熟的数字图书馆理论和技术成果。因此，必须继续加强我国数字图书馆的研究开发工作。

第一，建立一种鼓励图书馆研究人员跟踪、研究数字图书馆有关理论和技术的研发机制，探索符合本馆自身需求和特点的数字图书馆发展模式，为发展数字图书馆做好理论、技术和人才的储备。

第二，积极开展数字图书馆的实践和开发活动，根据本馆实际情况进行基于组件的分布式数字图书馆的功能设计、结构设计和系统实现，在实践中探索数字图书馆的具体模式。

第三，全面了解、跟踪、分析和消化吸收发达国家数字图书馆研究开发活动取得的有关成果，并将其应用于我国相应的研究开发工作。

第四，在发达国家，各个领域的研究人员和机构都在从事数字图书馆理论与技术的研究开发工作，特别是计算机和网络领域的机构，甚至是 IT 领域的人员和机构，如美国的施乐公司等，在数字图书馆的技术开发中发挥非常重要的作用。在我国已经出现这样的趋势，应该鼓励上述机构加入我国数字图书馆的研发工作。

第五，在发达国家，其数字图书馆项目更加侧重于试验和研究，几乎很少见到大规模的数字图书馆建设。其根本原因在于数字图书馆理论和技术还不成熟和系统，关于数字图书馆的概念、模式尚无统一的标准，甚至还存在很多争论，还存在若干阻碍数字图书馆建设的技术问题。在我国，由于一些特殊因素的影响，更加侧重于数字图书馆的有关工程建设。由于在全世界范围内，有关数字图书馆的研究开发活动也才开始不久，所以，在发展数字图书馆方面，世界各国都站在了同一条起跑线上。发展中国家应该利用这个契机，加强数字图书馆的研究和建设，争取利用信息技术和网络实现图书馆的跨越式发展，赶上甚至超过西方发达国家。同时，我们还应该看到，虽然在发展数字图书馆方面，我们同发达国家站在了同一条起跑线上，但是，与发达国家相比，我们的基础（传统图书馆水平、技术、人才、观念等）还很薄弱。因此，在积极肯定和支持我国的数字图书馆建设的同时，必须坚持在数字图书馆建设的过程中，重视和加强相应的理论研究和技术开发工作，坚持在跟踪、学习、引进和消化吸收发达国家的数字图书馆理论和技术的基础上，针对我国图书馆行业、信息产业的具体情况，进行数字图书馆理论和技术的创新。只有这样，才能保证工程建设的正确方向和技术路线，也才能争取在若干年后，我们不至于再回过头来，重新购买国外的技术和系统平台。

第六，在数字图书馆的研发和实践过程中，必须将传统图书馆的自动化系统和各种数据库系统作为未来数字图书馆的分布式组件进行改造和集成。随着数字图书馆理论研究和实践活动的深入，必然要求对现有的自动化和网络系统进行改造。图书馆自动化系统，应该积极探索如何对 MARC 格式和系统功能进行改造和扩展，形成一个灵活的、可扩展的、能够处理图书、期刊和各种电子出版物及下载的网络公共信息资源等各种信息资源的综合性系统。在对 MARC 格式和自动化系统的改造和扩展方面，可以参考 OCLC 的有关做法进行研究和试验。这种循序渐进的发展程序对传统图书馆向数字图书馆的发展将会起到积极的作用。

第七，在数字图书馆的研究开发和建设过程中，应坚持利用 IT 领域的先进技术和人才，采用招标开发的方式，使图书馆的管理和技术人员参与具体的开发工作，避免以前曾经存在的封闭的家庭作坊式内部开发模式。同时，在引进技术和自动化系统，乃至数字图书馆的开发中，也要注意具体的方式，图书馆引进和购买的是服务，而不仅仅是产品。不同类型、不同规模的图书馆，其业务管理模式也具有不同的特点和规律。因此，如果仅仅是购买作为产品的自动化系统或数字图书馆有关系统和技术，必然会与本馆的具体业务工作存在一些矛盾。目前，存在一种现象，一些图书馆在经过考察购买有关系统后，常常是业务工作迁就系统的特点和要求。而开发商一般不肯为某一个用户而修改其系统。这种现象的本质在于图书馆购买的是产品，而不是服务。因此，正确的开发模式是图书馆在与开发商签订协议时，应明确购买的是服务，而且是专门服务。开发商要根据图书馆的具体业务需求来开发新系统或对原有系统进行改造，而且图书馆的业务和技术人员应参与项目的设计和开发。

（三）确定合理的信息资源开发利用原则

前文曾经论及，数字图书馆的信息资源主要由三部分组成：数字图书馆自建的信息资源、合作伙伴提供的信息资源（包括引进和购买的信息资源）和网络公共的信息资源。在确定数字图书馆的用户主体和类型以后，如何协调上述三种信息资源，确定合理的信息资源开发策略是决定传统图书馆能否顺利向数字图书馆发展的重要因素。面向发展数字图书馆的目标，传统图书馆必须对原有的信息资源开发利用模式进行调整，确定符合数字图书馆需求的信息资源开发利用的基本原则，为向数字图书馆发展打下良好的资源基础。为此，传统图书馆需要加强以下工作：

（1）增加数字信息资源的比例。传统图书馆向数字图书馆发展，必须增加数字信息资源的比例，在保证传统图书馆的保存功能和借阅等服务的基础上，逐步完善数字信息资源体系和相应的检索查询体系，为向数字图书馆发展奠定良好的资源基础。在增加数字信息资源的过程中，首先，应加强各种类型、各个层次的数据库信息资源的引进；其次，应加强网络信息资源的发现、下载和组织加工，将动态的、复杂和无序的网络信息资源变成有序的信息资源，并能够使用户进行方便、快速、有效的访问和查询。

（2）从以资源为中心向以用户为中心转变。传统图书馆的信息资源开发利用一向以资源为中心，按照文献类型和信息资源的载体类型预先将各种信息资源分类组织起来，用户必须按照图书馆的信息资源组织系统，分门别类地逐一进行检索、查询和利用。在一定的环境下，这种业务组织模式，曾给读者以方便，但是在文献物理形态存储和检索方式以及通信技术已发生巨大变化的情况下，如不适时改变，很可能反为用户查询和获取所需信息资源带来了很多限制。因此，传统图书馆应该根据数字图书馆的以用户为中心提供集成信息服务的要求，对现有信息资源进行改造和集成。

第一，对各种文献数据库（包括书目数据库、篇名数据库、文摘数据库、全文数据库和科学引文数据库等）进行互联和集成，实现各种类型、各个层次的文献信息资源的集成化信息查询服务，即用户通过一次查询，能够获取从图书到篇名、文摘、全文等各种所需的信息资源，并能够利用科学引文索引等方法，实现查询结果的质量控制，并且根据与用户需求的相关程度进行排序输出等功能。在此基础上，逐步实现对某一主题领域的不同种类的数据库信息资源（如文献数据库、数值数据库等）的互联和集成。这种互联和集成不是固定的，而是动态的和可扩展的，其本质是在各种数字信息资源之间实现广泛的互操作。

第二，通过建立适当的机制和平台，鼓励用户对图书馆的信息资源进行评价。这种评价既包括对各种信息资源（图书、期刊、数据库、电子出版物、网络信息资源等）的评价，也包括对各种信息服务（OPAC 查询结果、数据库检索结果等）的评价。图书馆将这些评价收集起来，或者提供给其他主题相关的用户在利用图书馆的信息资源时进行参考，或者将这些评价信息集成到资源内部，作为信息检索结果的过滤和质量控制的参数。总之，来自用户的评价信息对于改善图书馆信息资源的使用效果具有良好的辅助作用。

（3）加强信息资源共建共享。数字图书馆是一个网络的概念。因此，只对传统图书馆内部的信息资源进行互联和集成是不够的，还必须努力对传统图书馆外部的各种信息资源进行互联和集成。为此，传统图书馆必须转变信息资源收集的观念，从强调拥有信息资源的所有权，向强调拥有信息资源的使用权转变。通过各种共享、互换或有偿使用协议，争取尽可能多的信息资源提供者，并对这些信息资源进行互联和集成。除去自建信息资源以外，与网络公共信息资源相比，由第三方有偿提供使用的信息资源具有更高的质量和实用价值。在未来的数字图书馆时代，一个数字图书馆拥有的信息资源的数量和质量更多地取决于与它签订信息资源提供协议的信息资源提供者的数量。因此，传统图书馆可以将更多的力量投入信息资源的引进工作，以相对较少的投入争取尽可能多的合作伙伴，为向数字图书馆发展奠定坚实的信息资源基础，建立稳固的合作伙伴网络。

总之，传统图书馆向数字图书馆发展，必须抓住数字图书馆的本质，根据发展数字图书馆的基本原则，结合自身实际情况和特点，制定明确的发展目标。根据发展目标，分步骤、分阶段地逐渐改变传统图书馆中不适应数字图书馆发展的思想、业务管理体制、信息资源结构和开发利用模式，积极开展数字图书馆理论研究和技术实践，把各种先进的数字图书馆技术应用到传统图书馆的信息管理和信息服务中，逐渐形成一个基于组件的分布式数字图书馆系统，并进一步向知识网络发展。

四、颠覆数字图书馆的大趋势

随着信息技术的迅速发展，文献信息的生产、传播与服务形态已经发生了巨大变化，数字图书馆已经逐步成为建设、组织和提供文献资源的主要机制。但是，现在的数字图书馆形态只是信息服务先河中的一个短暂阶段，发展的根本特征是持续的、革命性的变化。正如美国雪城大学（Syracuse University）的 Scott Nicholson 教授在"2005 数字图书馆前沿问题高级研讨班"上的演讲中指出，图书馆界过去五年的变化超过了前面一百年的变化，而未来五年的变化将使过去五年的变化微不足道。为了应对未来的变化，我们不但要关注已经应用到数字图书馆领域内、对现有能力和机制起着增强作用的技术与方法，还必须高度关注那些可能对我们所熟悉的能力和机制进行破坏和颠覆的重大趋势。N.N.Taleb 教授在《黑天鹅：那些"高度不可能事件"的影响》中指出，我们所不知道的、超出正常期待范围的东西，对我们的影响要远远超过已经知道的东西。因此，必须高度关注可能的破坏性或颠覆性趋势，尤其是那些发生或将要发生在我们赖以生存的领域的趋势，主动利用这些趋势来进行战略性创新，才能驾驭发展，为自己创造未来。

（一）破坏性技术

破坏性技术（Disruptive Technologies）是由哈佛大学商学院教授克莱顿·克里斯坦森提出的，泛指那些有助于创造新价值、开拓新市场，而且逐步或者迅速地颠覆原有的市场格局、取代原有技术的新技术。当然，"技术"应作广义的理解，包括方法、工具、模式和机制等。

一般来说，破坏性技术在初始阶段比较简单或者"低端"，往往针对被当时的主流市场忽略的顾客群，往往能更加简单方便地支持顾客的目标，往往意味着不同的商业模式，往往来自市场的新加入者。

通常来说，"破坏过程"并不是发生在空白的或濒临垮台的市场上。市场上往往已有相当多参与者，他们激烈地竞争并持续发展。市场的领先者仍然不断地改进技术与方法，甚至采用全新的技术来提高现有市场或产品的能力与价值，在这种持续性创新下，市场及其原有的参与者仍然在发展。但是，这种持续性创新并没有增加新的价值类型，没有创造新的市场，而且由于其关注点局限于原有市场价值与产品能力，往往难以适应不断变化的市场与顾客，相反可能与之越来越背离。与此同时，针对新的价值、新的顾客群及其市场应用的技术开始涌现，尽管一开始与传统技术相比存在很多不足，甚至在某些传统的能力指标上不如传统技术，但它们能更好地适应新的顾客群以及那些陷于原有市场但其需求没能得到满足的顾客群，能创造新的价值，创造出新的市场并逐步将这类新市场扩展到越来越大的范围，从而"突然"引领和占领了市场，使得原有的市场领先者被边缘化，甚至败下阵来。其实，在整个过程中，原有的市场领先者也许一直在努力地发展和持续创新，但他们之前的成功反而将他们局限在原有的格局中。

破坏性技术及其对市场的影响就在我们身边。其实图书馆数目被 Google "边缘化"、图书馆期刊馆藏被电子期刊数据库"取代"、参考咨询服务受到网络百科类和咨询类服务的"挑战"，等等，都是我们身边的破坏性技术颠覆现有市场格局的鲜活例子。而且，我们的"市场"内部也开始显现许多值得特别关注的、容易让"破坏性技术"乘虚而入的缺口，预示着可能被颠覆的危机。OCLC 在 2010年 3 月发布了《研究型图书馆：危机与系统化变革》，调查了研究型图书馆馆民对面临的危机及其可能带来的影响的看法。

应充分意识到，现在的数字图书馆模式基本是传统图书馆模式的延伸，是传统服务价值和服务市场的能力简单提升和服务扩展，仍然依赖传统的文献类信息产品而不是依赖信息内容来提供服务，仍然主要服务那些把书刊借回家去或者从网络上检索下来地阅读的信息使用者，仍然主要依靠本地化的资源及其检索与获取服务，整个运营模式仍然高度依赖传统的以商业出版为基础的学术交流体系。这些资源和服务将继续发挥作用，通过后面的分析可以看到，仅仅依赖或者局限于这些资源和服务，将把我们的未来置于危险的境地。我们必须持续关注可能颠覆我们的基本技术、机制和能力的破坏性技术，未雨绸缪，把握未来。

（二）可能颠覆数字图书馆的破坏性技术

对那些可能颠覆数字图书馆的破坏性技术的分析，必须跳出我们现在所理解和运营的数字图书馆框架（文献的数字化、文献的组织与保存、文献的检索与传递以及围绕"如何利用数字图书馆"的咨询与素质教育等），关注那些可能创造新价值、开拓新市场、颠覆原有市场格局的新技术、新方法、新模式和新机制。

1. 教育科研信息的内容形态变化

数字化出版：数字学术文献已经成为科技教育用户依赖的用以学习与创造的基本保障。多数重要出版商的科技期刊和主要国家的专利文献已实现完全数字化出版，主要科技会议记录、专著、工具书等学术型"图书"的数字化快速推进并迅速逼近市场转换的转折点，开放获取期刊和开放获取知识库迅速发展。例如，在 DOAJ（Directory of Open Access Journals）登记的开放学术期刊已经超过6700 种，在 DOAJ 登记的开放机构知识库已经超过 2000 个。

科学数据：科学数据的数字化、网络化正在高速发展。数据（包括各种数值型、事实型和文字型数据）一直是科学研究的基础产出，是科学出版的重要内容（包括嵌入到论文、专著中的复杂数据），是科学研究与教育的基本信息资源。世界各国积极建设数字化、网络化的科学数据平台，包括中国科技资源共享网、美国的科学数据网、英国的科研与教育数据服务网等，同时许多领域都已经建立了大规模的科学数据服务机制，典型的如医学与生物领域的美国国家医学图书馆 NCBI、社会科学领域的美国高校 ICPSR、生物多样性领域的 BHL、地球与环境科学领域的 Pangaea、原子分子物理领域的 VAMDC 等。同时，人们正在积极建设从科研项目申请到科学出版全流程的数据管理与利用机制。美国科学基金会从 2011 年开始，要求所有项目申请者要提交相应的数据管理与共享计划，要求研究者有效组织和共享研究项目所产生的科学数据；多个国家的科技教育机构联合发起了 DataCite 项目，为科学数据集提供专门的唯一标识符和公共登记系统，支持数据集的规范引用和复用，并将其纳入 CrossRef 系统与文献的链接；多家出版商也发起了 Dryad 项目，对科学期刊文章中引用的科学数据集进行登记、描述、保存和公共获取服务。这些机构及其他机构正在努力建设一个全面的科学数据发现、关联、利用和复用的基础环境。

语义化出版：历史上，科学文献是供人阅读的。但是在数字化条件下，一方面，科技文献越来越多，已经没有任何人能完整阅读自己所在的哪怕一个很小领域的全部相关文献；另一方面，数字化使我们能够对科技文献中的每一个知识对象（人、机构、项目、时间、设施、活动、主题，等等）和它们之间的相互关系进行解析，能够基于这些解析来鉴别、关联和组织不同层次的知识内容。因此，在科学内容创作与出版时，对其中的知识对象与知识关系进行鉴别和标引，并把解析逻辑与结果作为内容出版的有机组成部分，支持语义化出版（Semantie Publishing）就成为未来科学出版的重大发展方向。

2. 用户利用信息的基本方式变化

科技创新的战略转变：科技创新正走向自主创新和针对重大问题的战略创新，正在走向创新价值链中基础研究、应用研究、产品开发和市场营造等多个环节的转移、转换、创新。今天的科技创新面对的往往是海量、模糊、复杂关联和动态发展的知识，科技创新的信息需求发生了重要转变，也对信息服务提出了相当不同的要求。

支持高影响力的"弱信息"需求：在数字信息和网络级检索能力的支持下，人们越来越希望能够满足自己的"弱信息"需求。"弱信息"需求和"强信息"需求是 Palmer 提出的信息需求与内容分类，前者是问题结构模糊、知识范围不清晰、缺乏明确且系统的检索发现步骤、需要动态解构和探索大量文献内容才可能部分满足的信息需求；后者则是那种问题结构清晰，易于辨别和利用，可以通过对具体文献具体内容的检索、获取和阅读来满足的需求。在面对复杂和动态变化的研究问题时，对于"弱信息"的需求往往是更为重要和更需要帮助的需求。

支持高影响力的"战略性阅读"需求：在面对重大复杂问题和自主创新的挑战时，科研人员和科技决策者越来越依赖"战略性阅读"来帮助他们梳理科技发展的结构，把握科技发展的趋势，探索和决定大到宏观科技布局，小到项目逻辑路线所需要的方向与路径。这时，重要的往往是同时"阅读"许多文献，辨析和组织相关的内容，鉴别和分析可能的趋势、方向和路径。这时，"阅读"往往不是为了解决某个具体问题，而是建立宏知识（macro knowledge）。显然，快速地检索、分析和构建"宏知识"的能力已经成为"更为重要"和"更需要帮助"的需求，而且往往是"更高层次所需要"的需求。其实，为了支持"战略性阅读"，许多机构和公司已经开发了多种工具。

支持高效率的交互合作学习：上述信息需求的变化也反映到高等教育之中。在数字技术和网络技术的冲击下，教育的形态正发生根本转变。香港大学图书馆馆长 Sidorko 在"21 世纪研究型图书馆的建设与发展研讨会"上指出，现在的教育是一种合作型、研究型和面向解决问题的团队活动。这种活动的理想基础设施就是互联网，这种活动的基本形态是对整个网络信息的灵活发现、解析、共享、重组和创造，而不是老师把演示文档在网络上展示给学生。因此，有人提出，未来的学校将会像开源软件社区一样，开放、交互、动态、问题驱动和创造驱动，需要新型的支持动态交互知识构建的信息服务。

综合考虑上述的分析可见，对于今天的科研与教育用户来说，其需要的已经远远不是具体文献的检索、获取和阅读，而是在海量数据基础上的探索、发现和分析的支持。一个科学家，甚至一个学生，都不仅仅是一个读者，而更应是一个信息分析家。因此，除了为他们提供文献的检索与获取服务外，显然还有许多往往对用户的作用和影响更大的服务需要提供。

3. 运营环境的釜底抽薪式变化

数字图书馆下的图书馆运营机制发生了很大变化，它所带来的同质化、外包与众包以及对图书馆价值的重新评价，已经成为悬在每个图书馆馆民头上的一把利剑。

馆藏的非本地化：数字图书馆带来了"馆藏"的"非本地化"以及基础服务的"无差别化"。数据库网络获取形态、集团采购、馆际互借联盟、开放获取资源、网络检索与服务系统等，成为伟大的均衡器，帮助许多中小图书馆实质上拥有与大馆几乎同等量级的"馆藏"和基础服务能力。例如，中国科学院各个研究所图书馆的中文电子期刊已经和国家科学图书馆（以下简称"国科图"）总馆一样多，许多研究所图书馆的外文电子期刊也达到好几千种，而且通过普惠的馆际互借系统能覆盖与国科图总馆同样多的其他外文期刊和会议录，同时，所有的研究所图书馆都能利用全院的网络化检索、馆际互借、参考咨询等服务系统。实际上，这样的例子在许多参加 CALIS 或区域集团采购的中小型高校图书馆和许多利用联合服务平台的公共或专业图书馆中也存在。而且，即使对于那些拥有"特藏"的图书馆来说，如果特藏不数字化，或者不把数字化的特藏开放，在其他机构看来，这种特藏就相当于不存在，对数字图书馆的同质化效力没有根本影响。图书馆再也不能仅仅靠馆藏量来彰显其文化底蕴和能力水准，必须利用服务来突出其独特之处，使自己脱颖而出。

证明自己价值和创造更大价值的压力：美国 Emory 大学的王雪茅先生在高校图书馆分会 2011 年会上介绍"美国高校图书馆馆民当前关心的问题"时指出，向学校证明、为学校创造更多的价值就是这样的问题。这不仅是由于美国的经济危机所致，其实更重要的是数字图书馆让人们（包括管理层和教职工）对图书馆的价值进行重新认识和解读；而且这也不仅是美国或英国的图书馆才会遇到的问题，其他国家的图书馆都面临同样的质疑。这种质疑来自至少三个方面：①任何图书馆都必须用事实，而且是用户直接效益事实来证明自己的价值。②真正的价值或贡献在于"贡献差"，即你所提供的这种服务比利用相同投入从别处获得的服务更好。③这个价值或贡献只能通过你来实现，而不能通过外包或众包来更有效地实现。对于任何一个机构或社区来说，始终关注的是在有限条件下追求最大效益，这时合理的决策规则是"选择性优秀"（selective excellence），即将资源投入到能创造更大效益的地方。在"馆藏"和基础服务都可以非本地化的情况下，如果一个图书馆在上述三点中的任何一点上难以证明，被边缘化或者被替代就是一个合理的选择。而且，证明这三点是一个持续的任务。

第二章

数字图书馆的组织与构建

第一节　数字图书馆管理系统分析

随着现代网络技术的发展，图书馆的商业范围和服务范围不断扩大，原有的系统已不能满足读者的需求。新设计开发的图书馆综合管理系统应包括编目管理、流通管理、阅览管理、电子阅览室管理、"一卡通"账号管理和基于网络的公共检索等多个子系统。

一、系统分析的任务

（一）需求分析

需求分析是在现代化管理理论的基础上，通过深入研究和理解理论的核心思想和方法，结合现阶段系统调查的实际情况，全面分析和评估现有系统的运行状况和存在的问题。这一过程不仅包括对系统性原始管理的调查和研究，还涉及对目标系统的明确和设定。通过对现有系统的详细分析，可以识别出系统中的不足之处和改进空间，从而为制定更加科学、合理的管理策略提供依据。同时，需求分析还需要明确系统的目标，即确定系统应该达到什么样的效果和标准，以便在后续的系统设计和实施过程中，能够有针对性地进行改进和完善，确保系统的高效运行和持续优化。

（二）新系统逻辑模型设计

新系统逻辑模型的设计是指在需求分析的基础上，构建一个总体结构的逻辑模型。这一过程可以结合"自上而下"和"自下而上"的调查与研究来进行详细分析。具体来说，首先从高层次的总体需求出发，将系统分解为各个局部模块或子系统，然后通过"自下而上"的方式，逐步将这些局部模块或子系统的信息和功能进行汇总和整合。通过这种综合分析方法，可以确保各个部分之间的协调一致，最终设计出一个在功能、性能和结构上都达到最佳状态的新系统。这种设计方法不仅有助于全面理解系统的各个组成部分，还能确保在设计过程中充分考虑到系统的整体需求和目标，从而实现系统设计的最优化。

二、需求分析

用户需求指的是用户要求新系统必须满足的功能以及限制，一般是指功能方面的要求和性能方面的要求以及可靠性的要求等。实际上，用户的需求是新系统目标的规范，而系统的逻辑模型则是用户需求清晰详细的表示方式。

（一）需求分析的作用

就用户需求来说，需求分析的作用主要包括以下两个方面的内容。一是新系统必须满足用户需求，然而不能直接地接受各种需求，主要是因为不是所有的用户请求都具有合理性。二是新系统能够很好接受用户所提出的要求，开发系统需要在现有系统的基础上修改，由于用户需求主要反映的是现阶段的系统缺失以及薄弱的环节，因此需要对新系统进行增补。用户需求方面的分析功能主要是选择现阶段系统性的逻辑模型，使新系统逻辑模型得以实现，对"工作"问题进行处理。

（二）需求分析的任务

随着互联网的迅速发展，信息交易量也以惊人的速度增长。网络存储技术的出现及时缓解了部分问题。高性能、可扩展的网络存储服务系统的发展已成为网络服务器系统的主要趋势。以存储为核心的网络服务系统主要通过一种新的体系结构，包括 Web（全球广域网）、E-mail（电子邮件）、流媒体等，通过对系统和数据的有效监控和管理，为客户提供服务。主要技术是 NAS（网络附属存储）和 SAN（存储区域网格）。

软件需求分析使系统分析员可以与用户达成一致，以清楚、准确表达数字软件库及其数字技术中的研究关键和实施要求，详细信息如下。

（1）确定被开发系统的综合要求。这些要求包括功能要求、性能要求、运行要求、可靠性要求、安全保密要求、资源使用要求、成本消耗要求和用户接口要求。

（2）分析抽象系统的数据要求。总结了系统数据元素、抽象数据元素、数据的逻辑关系、数据字典格式和数据模型，这些数据以"输入/输出"处理结构的形式表示。

（3）由问题结构导出系统目标逻辑模型。以软件需求表达工具表示，例如：数据流程图。审查可行性报告，审查软件项目开发计划，编写软件要求规范。

（三）需求分析步骤

第一，调查分析。分析人员和程序员进行用户需求调查，将软件计划可行性分析报告与项目开发计划相结合，接入系统站点，并根据一定的主题、资源类型、用户范围、生成过程、使用管理范围等形成资源集合。不同层次包含相应的标准规范。例如，在数据描述方面，NSDL（美国国家科学数字图书馆）规定其项目中涉及的资源使用 DC 来描述资源集。

第二，从当前系统的特定模型中删除非必要因素，例如，位置、字符，并从当前系统中抽象化逻辑模型，使用图形工具来表示。

第三，分析当前系统与目标需求系统之间的差异，建立更有效的目标系统逻辑模型并使用图形工具进行表达。

第四，对系统目标逻辑模型进行完善和补充，写出软件需求规格说明书。

第五，对软件需求分析进行复审，直至确认文档齐全、符合标准要求为止。

三、目标系统逻辑模型的建立

目标系统逻辑模型是系统分析人员和用户经过反复讨论、深入研究、细致分析、仔细比较和不断修改后所形成的一套通用设计图纸。它从逻辑上详细地展示了实现新系统目标所需的各种功能，同时也代表了新系统的总体概述。这包括了数据的输入、输出、存储、处理、过程以及系统边界等方面。可以说，目标系统逻辑模型为系统的物理设计提供了全面的总体规划，它不仅明确了系统的基本框架，还详细描述了各个功能模块之间的关系。它是连接系统分析阶段与系统设计阶段的桥梁，确保了从概念到实现的顺利过渡，为后续的系统开发工作奠定了坚实的基础。

第二节 数字图书馆管理系统的设计与实现

一、数字图书馆总体功能设计

数字图书馆综合管理系统的基本功能主要设计为文档处理模块、读者管理模块、成本收支模块、系统管理工具模块和统计管理五个模块，每个模块包含多个子模块。文档处理模块包括文档访谈系统、文档分类系统、文档属性打印系统、文档收集系统、文档检索系统、文档分发和当前报纸管理系统。文档处理模块是图书馆信息网络系统中最重要和最基本的一个模块。读者管理模块包括证书管理系统、门禁管理系统、阅览室读者管理系统、阅览室电子管理系统。证书管理系统主要用于向读者收集个人信息，使用户成为合法读者。门禁系统的主要功能是验证用户是否为合法读者。阅览室读者管理系统的主要任务是验证读者是否具有阅览室阅读权限，并向读者收集信息。电子阅览室管理系统不仅从读者处采集信息，还具有充电采集和自动切换功能。

成本收支模块包括"一卡通"充值系统、违规处罚系统、有偿服务收款系统和用户消费查询系统。效率是可靠性和鲁棒性条件下的进一步要求。在信息时代，效率尤为重要。查询速度过低，则统一检索平台失去价值。"一卡通"充值系统主要收取预付费，使收款过程尽可能安全可靠。违规处罚系统是指通过网络服务让读者了解自己过去的违规行为，并缴纳罚款，以赔偿损失；如果读者确认自己的违规行为，则可将相应金额转入任意一台电脑上的指定账户。有偿服务收款系统主要是指打印服务、小额产品购买等，因电子交易量很小，管理水平也有所提高。用户消费查询系统是一个用户信息查询子系统，其主要任务是向用户提供各种消费的详细信息，使用户了解自己的消费状况和预付款余额。

系统管理工具模块主要包括数字图书馆综合管理系统、条码打印系统、数据转换实用程序。数据转换实用程序提供了一些将旧系统数据转入新系统的基本工具。扫描后，库系统中对象的唯一标识符为专有条码，条码打印机生成系统所需的条码。

统计管理模块主要包括数据统计系统和图书管理系统。数据统计的主要任务是统计各阅览室读者人数，到达图书馆的读者状况，许可证贷款总数，分配给图书馆的预付款总额，文件发放总额，图书流通情况，高发行量清单等。

人们对各种软件的功能要求越来越高，且用户的需求会不断变化，开发者需要考虑系统设计和可扩展性，即使需要修改或添加新的功能，也要尽可能地不改变现有的框架和系统代码。不同图书馆对管理系统的模块有不同的要求。

二、图书数字化功能设计

（一）图书采购系统设计

采购系统应完成图书的采购与验收功能。

1. 采购功能详细说明

第一，提供批号，检查 PreBookGroup 表中的 status 字段，如果为 0，则返回表中的批号 1。然后重新启动计算批号，更新表中的数据，将状态更改为 0 并返回新的批号。应用服务器每天早晨检查是否为新年，如果是，则重新计算批号，状态应为 0。以上只是批号的建议值，用户可以自行设置。收集并集成，构建在外部检索的数据库，以形成有序的标准化数据资源库，将元数据发送到文献搜索系统，并将元数据和对象数据发送到资源发布和服务系统，将打包的保存数据包发送到数字资源保存系统，可以实现长期保存。生成新的批号后，用户仍然可以手动输入上一个批号，以继续进行上一年的采购工作。

第二，输入 ISBN（国际标准书号），触发事件按 Enter 键，相当于使用左键单击查询按钮；若输入错误，要求再次输入。

验证重复项（必须验证主库和临时库）：如果重复，则询问是否要添加，如果是，则返回输信息，输入焦点仍保留在副本上，否则删除输入的信息，等同于单击删除键；如果不重复，它将返回与 ISBN 相关的信息，将其注册到变量中并将输入焦点旋转到标题。

第三，输入标题，默认为不重复验证。当此输入框中有数据时，单击查询按钮以实现重复检查功能。

第四，输入原始价格以及相应折扣，按回车键以计算实际价格。

第五，有的输入键没有特殊功能，它仅接受回车并更改输入焦点。

第六，在程序启动时，在数据库的相应表中查询下拉菜单的数据。

2. 图书验收功能详细说明

第一，界面打开。自动给定操作员信息。

第二，标题查询。通常，搜索从 ISBN 开始，此框仅用于显示信息。只有当要检索的图书没有 ISBN 时，才使用标题来进行查询。

第三，输入条码。检查条码，如果有误，系统将提示条码是错误的，输入焦点将保持不变；如果该条码存在于条码框中，则删除该条码；如果重复验证，将提示使用条码，并且输入焦点将保留在输入条码上。

第四，验收存盘。对比应以实际数量为准，如不能弹出提示框，则显示为"数量不对，按实际数量操作？"答案为 No 则不作任何处理；答案为 Yes，则：①将数字改为实际数字，并相应地在 PreCheck 表中登记；②将信息存储在 PreCodebar 表中，并改变图书的状态；③做必要的接口清除，将输入焦点设置在 ISBN 输入框上。

（二）图书编目系统设计

编目系统主要由编目查询、编目处理、编目打印三个功能组成。

1. 编目查询

根据 ISBN 编号和发布日期可进行编目查询。鉴于我国数字图书馆著作权保护的实际情况，在今后的知识产权立法中，宜建立"著作权赔偿制度"。国家版权保护中心等权威机构可首先定期对某一地区数字图书馆的使用情况进行调查，并根据作品的类型、访问次数、时间和使用方法等制定合理的收费标准，提出可行的收费建议。版权集体管理机构负责征收和发放补偿，由国家版权保护中心监督检查。

2. 编目处理

（1）输入相应的注册信息。输入时，有些项目可以按 Enter 键自动完成，图书标识字段中不应有重复的记录。输入书籍的基本信息后，单击保存按钮可进行保存，单击新建按钮可插入新记录。

（2）书目基本信息及其相关记录的维护。进入本功能的主画面后，单击修改按钮，可直接进入修改维护状态。系统支持三种查询方式：按题名模糊查询、按题名关键字查询和按 ISBN 号查询。选择适当的查询方式，并输入查询条件，点击确定后即可进行查询。若有符合条件的记录则会显示出来，并进入维护状态。否则将给出查询信息不存在的提示信息。

3. 编目打印

编目打印包括目录卡片、书标、新书目通报三个功能模块。

（1）目录卡片。输入所需打印的书籍标题，点击检索实现搜索，当没有和相关条件相符的结果，就会有警告消息产生；当存在与相关条件相符的结果时，就能够进行打印，这是目前大多数数字图书馆常用的方法。通过输入密码，合法用户可以访问相关网站的内容，非法用户不能访问；若 IP 地址有限制，则只有指定 IP 段地址范围内的用户可以访问相应的网站或数据库，如大学图书馆的数据库基本上使用这种 IP 段限制的方式。

（2）书标。书标包括三个命令：搜索、打印和关闭。其中，搜索窗口提供按模糊标题、作者、分类号和集合分类号查询四种查询方法，均支持模糊查询。用户检索到相应的记录后，即可进行打印。

（3）新书目通报。搜索后，如果没有符合条件的记录，则给出相应的提示信息。只有当这本书有记录信息时，才会出现在窗口中。换句话说，用户只能检索数据库中的图书信息。

（三）图书流通系统设计

1. 借书处理

输入借书的条码，然后按 Enter 键，该程序将自动处理书籍并保存此信息。用户通过版权控制机构请求客户端认证技术证书，如果用户使用客户端身份验证技术来制作非法副本，则客户端身份验证技术机构将对此展开调查并在计算机域之外进行处理，同时，可以配置自动计费软件来传输信息，使用费自动记入用户在系统网站上建立的账户。

2. 还书处理

输入时的情况类似于借书时的情况。输入阅读器的条码，然后输入还回的书籍条码后，程序将自动处理书籍的归还并保存，继续输入下一本书的条码，直到阅读器返回还书完成界面。接下来，重复以上的过程，处理下一位读者的请求。其原理就是将信息格式转化为密文，然后传输或存储密文，当需要时再重新转化为明文，这是保护数字图书馆知识产权的常用手段之一。读者的图书证件过了有效期或挂失后仍然可以还书，这与借书时不同。

3. 罚款处理

在此窗口中，用户可以准确地预览和浏览过期退还的书。首先，用户单击两个复选框，以选择过期退还的书籍和详细记录，然后单击浏览按钮，左边显示的是过期的书，右边显示的是好的记录。精细预览的功能是向用户显示精细信息，例如，过期的图书罚款金额。退还书籍时，将对过期退还的书籍进行罚款。

4. 续借处理

续借处理类似借书时的操作。用户输入阅读器的条码后，输入要续借的书籍条码，续借多本只需重复此操作，直到读者完成续借。最后，单击 Delete 键（或 Esc 键），等待下一个阅读器的条码。如果借用的书到期或报告文档丢失，则读者将无法续借该书。每次续借都会将图书的有效期延长一个借阅期。续借问题需要通过针对性的方法进行处理，使各方的合法权益得到有效保护，用户可以续借几次，但是如果超过 3 个月，则无法续借。

5. 预约处理

窗口打开后将自动选中所有超过预约期限的记录，询问用户是否删除。

按下预约按钮后，用户可进行预约注册。在注册过程中，用户至少必须输入阅读器的条码和储备书的名称。注册后，必须将其保存。

在查询预订时，搜索阅读器则输入阅读器的条码，而在预订记录中咨询阅读器时，输入书名。搜索后，单击恢复按钮即可返回到预约窗口。用户可直接修改预约记录，换到下一条记录时会被询问是否保存。

6. 典藏图书查询

用户在选择查询方式后，输入查询信息，单击查询按钮即可进行查询。查询结果显示在左侧窗口的列表中（只显示主要信息），用户单击记录，则详细信息将显示在下面的窗口中。用户可以通过滚动条查看存储在书目基本信息库中的所有当前信息。

7. 读者图书查询

读者可以通过阅读器条码、读取器名称、读取器单位和读取器类型这四种方式查询借阅的书，它们都支持模糊查询。在左上方的窗口中显示了所查询的读者信息，在下方的窗口中显示了读者借阅的书的信息。

界面有两对箭头按钮，一对在顶部，用于查看阅读器信息，另一对在底部，用于查看当前阅读器借用的图书信息。在查询多个读者时，可以单击向上箭头按钮查看读者信息，如该读者借了多少本书。

8. 书证管理

此功能模块建立了一个信息数据库，可以执行输入、删除、修改和保存功能，但无法转让或恢复。如果原始库中没有记录，则将自动为该条目添加新记录。输入时，使用 Tab 键将光标移动到要输入的字段，然后输入。

9. 书证挂失与黑名单

输入丢失文档的阅读器条码，然后单击 Enter 键，可以报告丢失情况。阅读器的基本信息显示在窗口中，并且报告丢失的项目将从原来的 "no" 变成 "yes"。丢失报告后，用户将无法借用带有此阅读器条码的书籍，只能退还书籍。如果读者在图书馆中进行非法操作，则会被列入黑名单。因此，所有读者的权利都是私有的。

三、数字图书馆功能详细设计

（一）门禁管理系统

当读者进入图书馆时，他们需要通过刷卡的方式进行身份验证，以确保他们所持有的卡片是合法的。这一过程不仅保障了图书馆的安全，还确保了只有经过授权的读者才能进入图书馆，从而维护了图书馆内部的秩序，确保了资源的合理利用。

（二）阅览室读者管理系统

在某些阅览室中，为了确保阅读环境的有序和安全，对读者的进入权限进行了严格的管理。这意味着并非所有读者都可以随意进入这些特定的阅览室。只有那些具备相应权限的读者才能顺利进入并享受阅览室提供的资源和服务。这种管理措施旨在为特定的读者群体提供一个更加专注和高效的学习和研究环境。因此，读者在进入阅览室之前，需要确认自己是否具备进入该阅览室的资格和权限。

（三）服务费用的收支系统

预收费系统必须首先进行安全检查。如果没有安全问题，应使用读卡器刷卡以判断卡片的合法性，如果合法，则允许充值。

当图书馆为读者提供服务时，读者必须刷卡以确认身份。刷卡时，请管理员检查是否有过期图书，若无过期图书，则提供相应的服务；如果有过期图书，则提示读者尽快解决相关问题并缴纳罚款。

第三节　信息集成与整合的设计与实现

一、信息集成与整合相关支撑技术

数字化图书馆具备的功能是多样化的，功能实现必须以不同领域的技术为基础，与此同时，必须确保数字化图书馆本身的性能。随着现代科学技术的不断发展，高新科技将为数字图书馆的发展提供强有力的技术保障。主要的相关支撑技术如下。

（一）计算技术

1. 并行计算

待处理信息量不断扩大，对计算机的处理能力和处理速度要求越来越高。芯片的开发速度很难跟上这一需求，因此需要不同的计算机并行合作来完成任务，这就是并行计算技术。在长期实践的基础上，计算技术得到了明显的发展。到目前为止，PVM（并行虚拟机）和 MPI（信息传递接口）为分布式计算中广泛应用的两种并行计算环境。

PVM 可以使多台异构计算机执行灵活的并发计算。这些计算机可以是多处理器计算机、矢量超级计算机、图形工作站或标量工作站。用户可以通过 PVM、PVM 类库访问控制程序组件的执行位置。异构网络环境下 PVM 可以透明地处理报文路由、数据格式转换等。

MPI 是由许多并行计算机用户和供应商开发的，定义了处理器之间基于消息的通信规范。采用 MPI 可以保证并行程序的可移植性。与 PVM 相比，MPI 有很多优点，主要表现在实现方法较多、定义第三方的实现规范、支持异步通信、消息缓冲池管理较好、能够有效保护第三方应用、可移植性强等方面。MPI 集群具有较好的稳定性、效率和确定性。

2.分布式计算

分布式计算主要是把一个需要非常强的计算能力才能解决的问题分解成许多小的部分，然后把这些部分分配给多台计算机进行处理，最后把这些结果综合起来得到最终的结果。其中，有个比较重要的概念是组件。组件能够实现平台的跨越，开发软件的人员能够对所需组件进行订购。分布式计算有其优点，即稀有资源共享，一般可以实现不同计算机之间的平衡，同时将程序放置在更合适的计算机上。

3.移动计算

移动计算是在移动通信的基础上，使网络和数据库以及分布式计算不断发展的一种技术。这一技术主要通过计算技术以及电信技术将相关环境以及计算模式提供给用户，继而使得计算机以及其他智能化的信息终端设备可以在环境当中共享资源，具有随时随地服务客户的功能，并且可将准确的信息资源提供给用户。其使大众的生活方式发生了很大的变化。

移动计算是一种强大且跨学科的新兴技术，是当前信息技术研究的切入点，被认为是对未来产生深远影响的四个主要技术方向之一。

4.网格计算

网格是继传统互联网和万维网之后的第三代互联网应用。互联网在以往的发展中已经连接了计算机硬件，万维网的存在使网页得到一定的连接，网格尝试着使互联网资源共享得以实现。

（二）网络技术

1.IPv6（互联网协议第 6 版）

现有的互联网是在 IPv4（互联网协议第 4 版）的基础上运行的，IPv6 是互联网协议的最新版本，它的提出主要是由不断发展的互联网决定的，因为 IPv4 定义的地址空间已经被耗尽，同时，并不充足的地址空间总是对互联网的发展产生影响，想要对地址空间进行扩展，就需要在 IPv6 的作用下实现对地址空间的重新定义。IPv6 的优点主要在于扩展地址空间、提高网络整体性能和服务质量、有助于安全性保障。

2. 无线网络

使用无线网络的最大便利是不受固定位置的限制，既方便又灵活。

IEEE802.11b 使用 2.4GHz 频带，传输速度为 11Mbps。它从根本上改变了无线局域网应用程序的设计和状态，并满足了人们在给定区域中不间断办公的需求。802.11b 操作模式基本上分为两种类型：点对点模式和基本模式。点对点模式是指无线网卡和无线网卡之间的通信方式，基本模式是指无线网络规模扩充或无线和有线网络共存时的通信方式。无线网络的便利性和灵活性非常适合小型办公环境和家庭网络。根据不同条件，主要有点对点解决方案、单点接入解决方案、多点接入解决方案、无线中继解决方案、无线冗余解决方案和多蜂窝漫游模式。

3. 网络存储

高性能、可扩展的网络存储服务系统成为网络服务器系统的主要趋势。以存储为核心的网络服务系统是一种新的体系结构，通过对系统和数据的有效监控和管理，为客户提供服务。NAS 技术使得文件存储和检索更有效，它的操作系统被优化为只管理和保护文件。NAS 是一个网络中心的概念，取代了传统的网络文件服务器，提供了一个共享的存储器，对数据访问来说，它是一个专为文件共享而设计的服务器。与传统的服务器相比，其优势在于可快速联网并投入使用，外形紧凑，成本低。NAS 主要经历了三个阶段：来自多个主机的磁盘共享；服务器之间共享文件系统，并将多个服务器平台连接到存储设备；跨异构服务器的文件系统共享和多个存储设备开发的共享。

（三）Web 技术

就 Web 技术来说，这是现阶段计算领域不断发展的重要组成部分。Web 技术的发展则使计算机间实现了资源共享和信息传递。该技术的应用也有助于数字化图书馆的发展。HTTP（Hypertext Transfer Protocol，超文本传输协议）是互联网上广泛使用的传输协议，其中包括对传输消息格式的描述、消息内容、传输顺序、相应的方法和错误条件等。

MIME（Multipurpose Internet Mail Extensions，多用途互联网邮件扩展）最初是用来描述电子邮件的，现在用来描述 Web 应用程序中的数据类型。MIME 是系统记录和传递类型化数据的灵活方法。URL（Uniform Resource Locator，统一资源定位系统）提供了简单而灵活的寻址机制，使 Web 能够连接世界各地的计算机信息。

（四）信息安全技术

信息安全是一个涉及多个方面的复杂概念，它主要包括信息的保密性、完整性、可用性和可控性这四个核心要素。在当今数字化时代，信息安全技术的主要目标和任务是确保电子信息的安全性和有效性。

具体来说，保密性是信息安全的重要组成部分，它旨在确保信息在传输和存储过程中不会被未经授权的人员获取，从而有效地防止信息泄露和不良攻击。通过采取各种加密技术和访问控制措施，可以有效地保护信息的机密性，确保只有合法用户才能访问和使用这些信息。

完整性则是指信息在存储和传输过程中保持其原始状态，未被非法篡改或破坏。为了确保信息的完整性，通常会采用数字签名和校验机制等技术手段以验证信息在传输过程中是否被篡改。这样可以确保信息的真实性和可靠性，防止恶意攻击者对信息进行非法修改，从而保护信息的完整性和准确性。

可用性是指授权用户能够在需要时顺利地访问和使用信息及相关系统。这不仅包括信息的可获取性，还包括系统的稳定性和可靠性。为了保障信息的可用性，通常需要采取冗余备份、负载均衡和故障恢复等措施，以确保在各种情况下，授权用户都能顺利地访问所需的信息资源。这不仅是信息安全的重要组成部分，也是确保信息系统正常运行的关键因素。

可控性则是指对信息的访问和使用进行有效控制，确保信息在合法和合规的范围内被使用。通过实施访问控制策略和审计机制，可以对信息的使用进行监控和管理，防止信息被滥用或误用。这不仅有助于保护信息的安全，还能确保信息的合法性和合规性，从而维护整个信息系统的安全和稳定。

综上所述，信息安全技术的主要目的是确保电子信息的有效性和安全性，通过实现信息的保密性、完整性、可用性和可控性，可以有效地保护信息资源，防止各种安全威胁和攻击，确保信息系统的正常运行和信息资源的合法使用。

二、信息集成与整合的设计与实现

信息化的集成平台具有统一性，主要负责信息的接收以及分发，同时，需要对信息进行收集并生成结果。只有对信息集成化的平台进行良好设计才可以实现有效查询。

（一）信息集成平台构建环境操作系统

JVM（Java 虚拟机）采用了 JDK1.5，主要使用了 JDK1.5 已经自动实现的线程池技术。

（二）翻译转化用户请求

用户将查询内容输入查询界面，对其进行一定的转换，使其成为信息集成化的平台格式。此时，查询界面就会对所有子库进行显示，该数据一般会在信息集成化的平台数据库中进行存储。除此之外，需要按照查询接口的实际内容使得 XML（可扩展标记语言）文档得以形成。同时，目前的 XML 文档需要对该内容进行解析。下面首先介绍对数据资源子库元数据（Metadata）的管理，然后介绍 XML 读写技术，最后详细说明用户请求翻译转化部分的实现细节。

1. 对数据资源子库元数据的管理

系统实际查询前，需要确定查询数据源的元数据信息，即数据源的名称、数据源的类型和地址等。查询时，需要根据数据源的具体类型实现 Web 服务调用的分配，需要传输地址信息，需要借助数据源进行信息管理。

2. XML 读写技术

想要对 XML 文档进行生成和分析，就需要注重 XML 跨平台性以及通用性，不管是信息集成化的平台还是 Web 服务的提供商间参数的查询等，都需要进行一定的传输。

XML 文档分析器主要有两种类型，一种基于 SAX，另一种基于 DOM（文档对象模型）。从 XML 文档开始的 SAX 访问逐个节点，在读取到所需数据时停止读取，其优点是整个 XML 文档内容不需要添加内存，内存使用较少，缺点是灵活性差，不能随机读取所需数据。

DOM 和 SAX 是不同的。DOM 解析器将整个 XML 文档转换为 DOM 树并将其存储在内存中，但是，当 XML 文档较大或文档结构复杂时，内存需求相对较高。此外，遍历具有复杂结构的树也是一项耗时的操作。一方面利用词法表生成元数据，另一方面利用词法表可以构建检索公式。该项目特别侧重于开发受控制的词库数据库和用户环境，并力求为用户提供更灵活的使用环境，包括搜索格式中使用的关键字、同义词、元数据和相关概念；然而，DOM 解析器的树结构思想与 XML 结构一致，很容易通过 DOM 树机制实现随机访问。因此，DOM 解析器也具有更广泛的使用价值。

信息集成平台涉及的 XML 文档量不大，因此宜采用 DOM 解析方法，采用 JDK Transformer Factory 和 Transformer 类实现。一般来说，该标准涵盖以下方面：在计算机辅助或全自动生成术语词库时使用的规范和方法；显示词与词之间句法关系的能力；支持网络术语词库的各种显示模式；支持交互式操作并可用于术语词库的协议、结构和语法；就拟开发网络术语词库的语言达成共识，普遍认为术语词库应具有灵活的显示以便于索引和检索；XML 和 RDF（资源描述框架）作为网络语言非常适合生成不同的浏览工具，因此作为首选推送。

3. 翻译转化用户请求的实现细节

子库部分是指不同的独立数据库。数据库的元数据信息存储在信息集成平台本地数据库中。页面只显示每个数据库的名称，不显示每个数据库的标准类型。用户只需输入查询的内容，选择需要的数据库即可得到最终的查询结果。他不需要关心从平台到特定子库的查询过程，这样用户就可以感觉到它是一个统一的收集系统。为了统一规范，所有 Web 调用都使用一致的方法和参数。翻译转换部分将通过子库的类型查询相关内容，以生成平台定义的格式。其中，查询内容的 XML 文档包括查询页面中的所有内容。

（三）处理请求信息

所有子库查询处理都是在各种类型的 Web 服务下进行的，平台按照生成的信息，结合子库的具体类型对 Web 服务进行调用。因为大多数用户请求方便查询，所以这一类型的服务调用选择的是线程池技术，想要得到查询结果分页，查询结果就需要在临时库当中进行存储，之后通过页面显示。

1. 线程池技术

使用这一技术的主要目的在于不断提高系统效率。主要原因在于，服务器会通过比较短的时间使得线程得以创建和销毁，进而在这一过程中得到有效应用。如果用户找不到引用的原始材料，那么就不可能详述某些材料。通过一定的分析以及研究可以看出，网络的信息资源是不同的。使用超文本技术，通过超链接形成三维网络连接，可以通过节点连接有关各个国家、各种服务器、各种网页和各种文章的相关信息，直接指导用户查阅引用的原始文件。

zh-CN［简体中文（中国）］需要更多的时间和资源来处理实际的用户请求。线程池技术是为了最大限度减少这种情况的发生。

线程池技术在使用过程中有一个明确的原则，即创建固定数量的线程，实现信息有效处理。如果请求的任务数量大于线程池，则需要实现线程等待，因此不需要为所有任务创建线程。数字信息资源不受使用限制，可以同时被多个用户使用。只要有一个开放的 IP 地址，就可以获取相关的信息资源。

2.Web Service 的使用

信息集成平台中处理查询请求主要使用了 Web Service 技术，利用 Axis 工具实现 Web 应用。以 Axis1.0 版本为例进行说明，平台使用 Eclipse 和 Axis 插件创建一个完整的 Web 服务应用程序。它主要分为两部分：服务器和客户端。在这里，服务器是每个提供 Web 服务的适配器，而客户端是一个信息集成平台。编写一个程序接口，该接口需要实现服务器端逻辑，定义接口名称、方法名称和返回类型。可扩展性存储系统需要采用先进的技术来促进整个系统无缝升级。在数字图书馆中，信息资源正在爆炸，但是图书馆的存储设备无法立即投入，存储解决方案必须考虑到这一点。此 Web 服务主要接收 XML 字符串文件，该文件是查询内容的 XML 文档，并在处理查询后以 XML 格式返回查询结果字符串，函数方法的名称为 Get Search Result。

（四）整合查询结果返回用户

当出现按条件查询的结果时，需要整合所有结果，然后返回给用户。下面分别阐述三个备选方案。

方案一：显示的每个页面发起一个 Web 调用。该方案可以适当优化，即在发起第一次查询时，需要调用所有 Web 服务来记录每个数据资源类型的查询结果数量。后期，根据用户需要显示的页数来计算要调用哪个 Web 服务，而不是每次调用所有 Web 服务。

方案二：查询只调用 Web 服务一次，分页时不再调用，将所有查询结果存储到 XML 文档中，显示分页时再直接对 XML 文档进行操作。

方案三：与方案二大体一致，区别是将数据存入数据库，分页显示时操作数据表。

如果只需要在第一页上看到结果，那么第一个方案是最好的，没有数据存储时间，但从读者的角度来看，通常需要在其他页面上浏览更多的结果。这大大增加了多个用户同时查询 Web 服务器的负载。

剩下的两个方案需要存储数据。在 XML 文档中存储数据的第一种方法是将所有用户的查询结果存储在一个文档中。第二种方法是为每个查询用户生成一个 XML 文档。前者对于拥有更多用户的大规模查询来说显然是不合理的。当用户太多时，XML 文件急剧膨胀，大文件的读取将严重影响查询速度。第三种方法是将查询结果存储在数据库中，可以简单地创建数据表并使用用户 ID 来标识不同用户的查询结果。用户完成查询后，删除相应的查询结果并存储在 XML 文档中。相比之下，存储在数据库中的优点是数据表的操作方便快捷，只需要一个 SQL（结构化查询语言）语句来查找和删除数据表中的记录。所有最终的信息集成平台都会选择一个可以在数据库中存储数据的方案。

第四节　数字图书馆信息资源整合

在社会信息逐渐优化的背景下，可以利用计算机化和数据库以及网络来发展信息资源，就数字数据来说，主要是通过自身的独特优势，加强大众对信息资源方面的了解。政府以及企业对于数字信息的管理已经开始向更大的区域发展。获取数字化的信息资源推动了国民经济进一步发展，结合有关报告，现阶段已经有很多发达国家具备获取更多信息的能力，然而发展中国家还不完全具备信息资源以及知识资源的获取能力，因此整合信息资源，并且对其进行获取和开发都是经济发展的重要内容。

一、数字信息资源的概念

在这里，数字信息资源是一个广义的概念，指的是经过人们整理和组织并通过计算机网络进行传输之后，用户可以使用的信息资源的总和。分类功能、内容查询和导向工具均可用于多媒体数据，使用自然语言的自由文本查询功能支持多种语言，查询工具使用户的查询更优化，可根据颜色、形态、纹理和位置对图像内容进行查询。数字信息资源包括在线出版物（如电子杂志、电子报纸、电子书、在线数据库等）以及各种数字和在线信息。

（一）数字信息资源类型

数字信息资源可大致分为两类，一类是网络传播的信息资源，另一类是将文本文献进行数字化后形成的信息资源，并可在局域网或广域网上传播和利用。

互联网上的丰富信息资源为数字图书馆信息资源的集成提供了丰富的内容。本书根据传统的文献划分方法，将数字信息分为零级信息、一级信息、二级信息、三级信息和其他等级信息，并讨论了根据这种信息资源进行重组和整合的理论和方法。

（二）数字信息资源的特点

数字信息资源是经济资源的一种，数字化的信息资源具备了经济资源的所有特征，也就是可用性和稀缺性以及选择性，但还具备独有的特征。

1. 数量巨大

网络上的信息资源量很大，内容丰富，信息增长迅速。例如，中国学术期刊网络有时每天会增加5000多篇新文章。作为一种新的信息介质，它不仅信息量大，传输方便，而且不受时间和空间的限制，可以共享。计算机的硬件技术逐渐发展，尤其是光盘技术等都推动了网络化发展，计算机信息处理水平逐渐提升，相关技术已经开始应用，获取了非常丰富的网络化的信息资源。

2. 类型多样

互联网上内容非常多，可以说所有的学科都在其中，所有的领域都在其中，包括文本、图像、声音、软件、数据库等。不仅有公开出版的书籍和报纸，而且有会议论文、内部材料，这些内容不是在互联网上公开发布的。此外，还有一些资源，例如：电子出版物、专业文档数据库和数字图书馆。

3. 结构复杂

网络化的信息资源一直在服务器上存储，就信息资源组织以及管理来说，缺乏统一标准。不同的服务器使用不同的操作系统和数据结构，有些使用字符界面，有些使用图形界面；有些使用菜单，有些使用超文本。从上面可以看出，它基本上处于混乱状态。如今，许多服务器通过中间件（如CGI）连接到其他数据库，这使它们的管理和使用变得更加复杂。

4. 质量不等

网络信息资源具有不同的层次和用途，包括科学研究报告和流行的阅读材料，处理过的信息和混乱的原始信息，以及具有较高参考价值的信息也可能与无用的"信息垃圾"甚至是很多有害信息混合在一起。信息使用价值差异很大，质量参差不齐，相互交织，给用户的选择使用带来不便。

5. 用户需求丰富多样

网络由于丰富的信息资源和方便的特点吸引了许多用户。用户群体及其信息需求呈现出多样性，并且用户信息需求变化的频率正在加快；用户需求变得更加个性化，某些用户需求变得更加专业化。

6. 动态性强

网络化的信息资源具有动态性。几乎所有的服务器都发生了改变，新网站层出不穷，还有很多网站都已经被合并在一起，有些被取消了。因此，网络信息更新迅速，并且网页的添加、删除和更新频繁发生。互联网已经改变了文档处理和信息获取方式。由于更新网站的周期缩短，相关内容处于动态变化中，用户可以在互联网上获取有关某个主题或科学研究的最新信息，还可以检索最近发布的文档。一些在线电子杂志的发布速度甚至比印刷版更快，并且可能会在印刷刊物进入市场之前与读者见面。

7. 混杂无序

缺少主管当局进行集中的领导和管理。

8. 共享性强

数字化的网络化的信息资源已经从以往的文档信息局限性中突破出来，以往的文档信息方面的资源能够实现多人连续复制，而经数字化、网络化的信息资源实现了网络传输，进而使文档信息在使用过程中不受到任何限制，所有的用户都可以使用这一资源。

9. 关联程度高

以往文献信息资源缺乏相关性，而网络信息资源则不同。用户可以使用超文本技术，通过超链接形成三维网络连接，可以通过节点链接有关各个国家、各服务器、各种网页和各种文章的相关信息。用户可直接查阅引用的原始文件。

二、数字信息资源整合研究和发展

（一）国内外数字信息资源整合概念的观点

关于信息资源的整合，到目前为止没有权威的解释。这是一个系统工程。

（二）数字信息资源整合演绎过程

数字信息资源整合是信息化发展大势所趋，是在一定组织的领导下，实现信息的最佳化、有序化、同一化、共享化，优化数字信息资源配置，并且对这一领域进行拓展和管理。

1.最佳化

在全球网络逐渐发展和数字信息资源增加的背景下实施最佳化。不管获取信息的资金是否充足，信息组织都难以对所有的信息资源进行收集，所以，对于馆藏信息的优化是非常重要的，对信息资源进行选择以及重新整合都是非常重要的。

2.有序化

有序化是信息管理的核心。网络环境中，信息资源的开发和使用中的局部秩序与全局混乱之间的矛盾，或者说组织内部的秩序与整个互联网的混乱之间的矛盾更加突出。信息资源的可用性需求对于提高信息价值来说非常重要。数字信息资源整合需要对大量无序的信息进行有序化处理，是信息有序化在更大范畴的延续。

3.同一化

同一化是在标准化基础上进行的。国际标准化组织为此做出极大努力，各种网络资源管理标准与规范为在世界范围内进行信息交流与共享提供了便利。人们可以通过信息技术实现信息快速、有序流动，进而实现信息快速、便捷地开发利用。

4.共享化

数字信息资源和以往的资源间存在很大的差异，使用数字信息资源有助于降低生产成本，吸引更多用户，价值较大。数字信息资源不受使用次数的限制，不会因使用而被破坏，并且可以被多个用户同时使用。

（三）数字图书馆网络信息资源管理存在的问题

随着网络技术的飞速发展，信息资源的数量急剧增加，信息资源变得越来越复杂，数字信息的类型越来越多，基础构成数据变得越来越复杂，全文信息的比例也逐渐增加。

现阶段数字图书馆网络信息资源管理中存在的主要问题包括以下几点：一是内容方面的重叠，对用户的具体选择以及访问产生直接影响；二是存在冗余信息，对用户访问造成干扰；三是在知识方面的相关度比较低，目前的数据资源体系当中很多对象都具有孤立性，很难反映知识之间存在的联系；四是当前数字资源和主要数字资源之间缺乏联系，使用户难以获得全文。

第三章
数字图书馆信息资源建设

第一节　数字化信息资源的来源

数字化信息资源是数字图书馆履行社会职能的主要物质基础，它对数字图书馆的重要性相当于图书对于传统图书馆的重要性，如果没有一个持续不断的数字化信息来源和一个完善的信息资源组织策略，对构建数字图书馆信息大厦来说是极为不利的。

数字化信息资源是转化成数字格式的信息，其来源渠道、组织与实现方法均有别于传统图书馆信息资源，即数字图书馆应对来源各异的资源进行有机集成。从总体上讲，数字图书馆信息资源来源于三个方面：馆藏资源数字化、网络资源下载和电子资源库采购。馆藏资源数字化是指首先通过键盘输入、扫描等手段将原有的馆藏资源数字化，并经过加工后形成的资源，它可以按一定的组织形式存储，在硬件条件的配合下，联入互联网，给远程用户提供检索、查询和利用服务；网络资源下载则指通过互联网获取的、能满足人们信息需求的有效信息，主要取材于互联网；电子资源库采购指通过购买等手段将现成的商业数据库纳入图书馆自身馆藏，是一种快速有效地扩充图书馆馆藏的重要手段。这三种资源也有交叉，如网上的电子期刊、电子图书可以说是网络信息资源，但是它们又是实物信息资源数字化后得到的，因此又可以说是馆藏数字化信息资源。电子资源库的资源来自对纸本资源的数字化，只不过集中成一个资源库后变成了产品。下面将分别对不同的数字化信息资源的来源进行阐述。

一、馆藏资源数字化

（一）键盘输入

在当今数字化时代，利用传统的计算机键盘来输入数据已经显得相对落后。这种方式虽然在某些特定情况下仍然适用，但总体而言，它存在诸多局限性。首先，通过键盘输入数据所形成的文件通常占用的空间较小，这对于存储资源有限的情况或许有一定的优势。然而，这种方式的效率却相对较低，因为手动输入数据的速度远远比不上自动化工具或系统。此外，人为因素的存在，键盘输入的错误率较高，这不仅影响数据的准确性，还可能导致后续工作的延误和成本的增加。

（二）扫描

扫描是数字图书馆建设的最主要手段，在馆藏数字化方面起到了不可低估的作用。扫描识别录入技术是根据光电转换、模式识别和人工智能原理，将印刷或手写的文字或符号通过高速扫描设备录入并转换成可供计算机读取的内码，进而达到自动录入资源的目的。

1. 扫描设备

扫描仪起步于 20 世纪 70 年代中期，最初的扫描仪仅能捕捉黑白二值化图像，体积相当大，扫描速度也很慢，且无法输入彩色图像。20 世纪 80 年代中期，诞生了世界上第一台彩色扫描仪。现在，扫描技术已有了迅猛的发展，目前最常用的扫描设备是平板式扫描仪。各种扫描仪具有自动辨别像素的灰暗程度（灰度）和颜色的功能，使计算机能输出与原件一样的图像。

扫描仪已被广泛运用于图像处理、文字识别、图形识别，是文字、数据录入和信息识别领域不可缺少的设备。

2. 扫描资料的选择

图书馆需要对拟扫描的资料进行选择，选择时需要考虑：

（1）公众网络检索需要。

（2）高成本与有限资金之间的矛盾。数字化所有馆藏文献需要大量的资金投入，且数字化后的文献还需要成本的投入，如质量控制、元数据生产、制作索引等。

（3）保存的困难。由于计算机软硬件在不断变化，促使数字文献的长期保存和迁移较困难。

（4）知识产权问题。必须在文献数字化之前解决其知识产权问题。

（5）社会的考虑。某些文献数字化过于敏感的资料不宜放在网上。

（6）文档规范化。文献数字化中三分之二的成本用于元数据的创建和质量控制的工作，因此，不符合文档建设规范的文献，在加工之前不宜数字化。

（7）图书馆信誉。图书馆务必要检查数字化资源的准确性和信息的权威性，可以从撰写人的权威性、背景等方面严格地剔除不够准确的信息。

为了确保拟扫描资料的质量，建议图书馆在制作数字化资源前成立一个资料筛选工作组，可采取如下三个步骤选择资源：

（1）资料范围的界定。组织资源收集人、研究者（资料筛选人员）对收录资源的学科、地域、时间、语种、类型等进行界定，以确定需要数字化的文献范围。

（2）根据上述标准在界定的文献范围中筛选出符合要求者。

（3）根据文献的价值、使用程度和数字化的风险程度对文献的优先程度排序，以决定文献数字化的先后次序。

3. 自动识别（Optical Character Recognition，OCR）

扫描之后的计算机自动识别技术是整个数字图书馆建设中至关重要的技术之一，自动识别技术的先进与否决定了数字图书馆信息资源建设的速度与质量。

文字的计算机自动识别技术是数字化领域的一项非常重大的革命，它是利用计算机软件把扫描的文献转换成字符文本的技术。它的工作原理是通过扫描仪（或数码相机）等光学输入设备获取纸张上的文字图片信息，运用各种模式识别算法分析文字形态特征，判断出文字的标准编码，并按通用格式存储为计算机的文本文件。因此，OCR 实际上是让计算机认字，实现文字自动输入。正是由于它录入速度快、准确性高（识别率可达 98.5% 以上），操作简便，能大幅度提升工作效率，适应信息时代快节奏的要求，因而具有广泛的发展前景。

（三）全息加工技术

全息加工技术是一种先进的数字化处理方法，它主要应用于将传统的纸质文本信息转换为数字化文档的过程中。这一技术的核心在于将扫描识别出的文字信息与人工标注的版式信息（例如字体、字号等）相结合，确保在数字化过程中保留原始文本的视觉效果和排版风格。此外，全息加工技术还会将图像和其他版面元素，如表格、图形等，用页面描述语言生成一个完整的版面文件。这个版面文件不仅包含了扫描识别的文字和人工标注的版式信息，还能够支持用户自定义汉字，从而满足不同用户的需求。

为了进一步提升数字化文档的可用性和互动性，全息加工技术还会将导航、自动导读等增值信息与版面文件结合起来。这些增值信息可以包括目录、索引、注释、超链接等，使得数字化文档不仅保留了原始信息，还增加了许多便于用户阅读和检索的功能。简而言之，使用全息加工技术能够将纸质文本以低成本、高效率的方式转换成一个保留了全部信息的数字化文档，使得用户可以在数字设备上进行阅读和检索。

二、网络电子资源下载

（一）电子资源收集策略

图书馆工作人员可从各种途径收集和下载对图书馆有重要作用的电子图书、电子期刊和各类特色网站等电子资源。

网上各类电子资源内容丰富，格式多样，而且大多可免费下载。但它们分布零散，不能系统地供读者使用，这就需要数字图书馆工作人员利用各种途径找到这些杂乱无章的电子资源，并将其下载到数字图书馆本地存储媒介上，然后按照图书馆的分类体系将各种电子资源归入不同类别，以方便读者取用。

在进行电子资源的收集和整理过程中，可以积极鼓励和动员广大读者参与到推荐和提供电子资源的活动中来。这一点正是数字图书馆相较于传统图书馆的独特优势所在。传统图书馆由于空间和物理载体的限制，难以充分调动读者的力量来共同丰富和扩展馆藏资源。然而，数字图书馆则可以充分利用电子信息资源所具备的无限复制和传播的特性，将一本书从一位读者手中扩展到更多读者手中，实现资源的广泛共享。通过这种方式，数字图书馆能够以极快的速度扩充其馆藏资源，使得原本只有一人能够阅读的书籍，变成众人皆可获取的宝贵知识财富。

为了进一步激发读者的参与热情，数字图书馆应当对那些积极提供电子资源的读者给予适当的奖励和鼓励。这些奖励可以是物质上的，例如赠送读书卡、优惠券或其他形式的礼品，让读者真切感受到奉献出一本书所带来的丰厚回报。通过这种方式，读者的积极性和主动性将得到充分调动，从而使可供下载的电子资源数量不断增加。这不仅丰富了图书馆的馆藏资源，还能够为图书馆节省大量的采购和管理成本。

然而，在这一过程中，必须特别强调和遵守一些基本原则。首先，所有提供下载的电子资源都必须严格遵守版权法规，不得用于任何商业目的。这意味着，所有电子资源的提供和使用都必须在版权允许的范围内进行。如果资源本身具有版权保护，那么在提供下载时，必须保持其原有的版权信息和格式不变，不能人为地去除或修改这些信息。这样既尊重了原作者的知识产权，也确保了数字图书馆的合法运营。通过这种方式，可以在确保合法合规的前提下，充分利用数字图书馆的优势，为广大读者提供更加丰富、便捷的电子资源服务。

（二）网络电子资源的整理

技术上的原因导致下载资料的格式并不统一，这使得对这些不同格式的内容进行组织变得相当复杂。这一过程涉及多方面的技术，包括但不限于脉冲信号处理、数据宽度调整、像素处理、颜色管理、对比度调整以及压缩编码算法。每一种文件格式都有其独特的特点和要求，因此需要使用不同的软件来正确显示和处理这些文件。这种多样性给人们在查找和使用这些资料时带来了一定的难度。

不同的文件格式之间并非都可以相互兼容，这意味着在进行格式转换时，可能会遇到一些问题。例如，当一个纯文本文件被导入到 Word 文档中时，Word 无法自动对其进行排版。无论纯文本文件原来的格式多么整齐，一旦调入 Word，文本的左右两边可能无法同时对齐。如果原文本文件中每行的字数较多，调入 Word 后，可能会出现文本被不恰当地截断的情况。又如，将 HTML 格式的文件转换成 Word 文档时，有时会遇到图像信息损失的问题。这些图像在转换过程中可能会变得模糊不清，甚至完全丢失，导致文档的视觉效果大打折扣。因此，在处理不同格式的文件时，需要格外小心，以确保信息的完整性和准确性。

因此，务必利用图书情报学中关于信息组织的方法与技术对网络电子资源按类归并，统一格式，添加检索功能，这样才能更好地提供给读者使用。

三、电子资源库的采购

电子资源库的采购主要指购买各种商业数据库（包括综合性数据库与专业性数据库），这是数字图书馆信息资源建设中很快捷的途径。面对如此众多的数据库，数字图书馆工作人员只有多方了解、认真选择，才能充分利用有限的资金购买到能够最大限度满足读者需要的资源库。

购买数据库时要注意以下几个方面的问题。

（一）深入了解各种类型的数据库

在当今数字化时代，电子资源库市场对于图书馆采购员来说显得尤为重要。采购员必须具备一种既宏观又微观的认识，以便更好地理解和选择适合图书馆需求的电子资源库。从宏观角度来看，采购员需要对市场上存在的各种类型的电子资源库有一个全面的了解。这包括不同资源库之间的关系，例如它们是否相互补充或存在竞争关系。此外，采购员还需要评估这些资源库是否符合图书馆自身的长期发展规划和战略目标。

在微观层面上，采购员需要深入了解某一特定类型的资源库的具体情况。这包括研究该资源库的历史发展过程，了解其背后的技术支持公司及其运营状况。同时，采购员还需要关注资源库的服务对象，即它主要服务于哪些用户群体，以及资源库的未来发展方向。此外，服务费用也是不可忽视的重要因素，采购员需要详细评估资源库的定价策略及其性价比。

为了做出明智的采购决策，采购员必须对不同资源库的发展优势进行比较，并做好详细的备案记录。这包括分析各资源库在功能、内容、用户体验等方面的优劣。同时，采购员还需要调查各资源库用户的使用情况，了解用户对资源库的满意度和依赖程度。此外，了解各资源库制作公司的信誉及售后服务的真实状况也是至关重要的。这可以通过查阅用户评价、行业报告以及与现有合作伙伴的交流来实现。

通过这一系列的调查和分析，采购员才能对电子资源库市场有一个整体而详尽的了解。这不仅有助于采购员准确评估各个资源库的价值，还能为图书馆选择最合适的资源库提供有力的支持。最终，这将确保图书馆能够为用户提供高质量、高效率的电子资源服务，满足他们的学术和研究需求。

（二）正确认识数字图书馆自身的情况

建立在了解数字图书馆定位基础上的资源库选购才可能是成功的。对数字图书馆定位时主要应考虑以下因素。

1. 数字图书馆自身的性质和发展趋势

在进行资源库的采购时，必须充分考虑图书馆的具体情况，明确其性质和发展方向，从而确定自身的定位。也就是说，图书馆需要明确自己是综合性图书馆还是专业性图书馆，是面向广大公众、学术界还是政府机构。例如，高校图书馆与公共图书馆在选择信息资源库时的导向会有所不同。高校图书馆通常会以学术数据库、专题资料库和研究资源库为主要采购对象，因为这些资源能够满足学术研究的需求。同时，它们也会辅以一些面向大众的电子书库，如书生之家等，以满足学生和教师的多样化需求。而公共图书馆则更注重地方文献数据库、特色数据库以及财经和科普方面的数据库，因为这些资源能够更好地服务于公众的日常生活和知识普及。通过明确自身的定位和发展导向，图书馆能够更有针对性地采购资源，从而更好地满足其服务对象的需求。

2. 读者群

一个数字图书馆的成功与否，很大程度上取决于读者的评价。为了满足读者的需求，数字图书馆必须精心挑选和订购那些符合本馆读者群体的文化层次和兴趣爱好的资源库。此外，从历史的角度对读者群体的变化进行深入研究也是至关重要的，只有这样，才能真正订购到适合读者需求的资源库。例如，如果一个图书馆的读者对象主要是本地区的社会公众，那么在资源库的选择上，就需要更多地考虑科普性的资源，并且通常会以具有地方特色的数据库为主。这样的数据库能够更好地反映和满足本地区读者的兴趣和需求，从而提高读者的满意度和图书馆的整体服务质量。

（三）数据库服务商的选择

电子资源库服务商的质量不一，好的服务商将着眼点放在如何满足图书馆的需求上，而有些服务商只是简单地汇集来自不同数据库生产商的产品，没有做更进一步的精加工，也没有开发将这些数据库进行集成的技术，另外，一些服务商的主要目的是销售其软件系统，不太重视资源库本身的质量。因此，服务商的选择对于电子资源库建设的质量非常重要。

选择服务商并不容易，尤其是当面对一个大而复杂的项目时，建议的选择步骤为：确定项目的目标和内容；初步确定潜在的多个服务商；公布项目的目标，寻找对项目感兴趣且基本符合项目要求的服务商；制定一套项目操作方法和质量控制手段；列出一系列的服务商名单；撰写一份 RFP（Request for Proposal，建议需求书或招标书），并将之发送给选好的服务商；当服务商准备他们的方案时，和服务商多交流，包括访问他们的网站和面对面交流；评价不同服务商的方案并选出最佳方案；签订协议；与服务商协同工作。

当然，在实际操作中，要综合考虑上述各个实际因素，动员馆员、专家以及读者对资源库的购买提出自己的意见，集思广益。即使已购买了数据库，也要不断听取读者的反馈意见并加以修正，在图书馆与读者之间形成良性互动的机制，这才是数字图书馆健康发展的真正源泉与动力所在。

第二节　数字信息资源的描述和处理

一、数字信息资源描述和处理语言

数字信息资源的描述和处理是数字图书馆的一项核心内容。为此，许多专家和学者在网络信息资源的描述与组织方面做出了很大努力，搜索引擎和主题指南的出现，多种元数据格式、标记语言框架的提出都是这种付出和努力的具体体现。

随着对这些标记语言研究与应用的发展，与它们相关的标准也取得了重大进展，与 SGML（标准通用标记语言）相关的最典型的是 HyTime（超媒体 / 时基结构化语言）和 DSSSL（文献样式语义和规格说明语言）。

（一）超媒体 / 时基结构化语言

HyTime（HYpermedia/TIME-based Structuring Language）标准是关于超媒体文献标记方面的超媒体语言，它定义了超媒体和多媒体系统，特别是超链接（Hyperlinks）、对象的定位（Localization of Objects）和文摘表示空间（Abstract Representation Space）等方面编码的体系结构，并提供了在 SGML 文献中表示链接的标准方法，而最有用的概念之一就是体系结构格式的标准化。HyTime 系统使用 SGML 作为它们管理数据的基本编码语法，但又不局限于 SGML 编码数据的管理。它是 SGML 的应用和扩展，在超媒体文献的数据资源管理方面必将有广阔的应用前景。

（二）文献式样语义和规格说明语言

DSSSL（Document Style Semantics and Specification Language）的基本目标是为处理与 SGML 文献标记相关联的信息提供一种标准化的框架和方法，其主要用途是实现 SGML 文献向其他格式文献（包括 SGML 文献等）的转换，进而促进文献信息资源的交流与共享，这将极大地拓宽和加速了 SGML 的应用。

二、数字信息资源描述和处理的标准与规范

标准与规范是数字图书馆建设与服务优化的技术保障与管理基础，技术标准着重从技术方面规定与规范数字图书馆实现的技术机制与功能指标要求，管理规范则从改革、组织、人力与资源方面对数字图书馆的实施进行规划。在数字资源建设的早期，图书馆面临的问题是如何把传统载体形式的各种信息资源逐步数字化，为这些资源建立稳定可靠的计算机运作平台，实现方便准确的信息检索。在数字化资源极大丰富、计算机信息技术日益成熟的今天，人们又面临着另外一个重要问题，即如何把由不同人员、在不同时间、用不同技术开发的不同内容和不同形式的数字信息资源整合起来，向读者提供最大便利。

这个问题在我们使用数字资源的各个层面都会遇到，纵观现在开发出来的数字资源，它们中的大部分在独立使用时效果很好，然而在整合使用时却不太理想，读者往往要经过许多步骤，才能找到自己所需资料。解决这一问题的主要途径是建立集成化检索系统。而如果数字信息资源在描述与处理中能够遵守一定的标准与协议，将会大大方便集成化信息检索与服务系统的建立。由此可见，为了实现信息资源一体化，我们必须制定与遵守相关的标准和协议，用统一的标准方法屏蔽不同文件系统的不同文件命名原则等。国家科学数字图书馆项目管理中心于 2002 年 4 月提出了非常详细的"数字图书馆建设的标准规范体系"。从总体上看，数字信息资源建设涉及的标准规范范围广泛，可分为内容创建、描述、组织、服务、长期保存等。

（一）数字内容创建的标准规范

数字内容的创建规范主要包括内容编码、数据格式与内容标识。

1. 内容编码

内容编码是数据内容的计算机编码形式和标记形式，是限制数字信息可使

用性和可持续性的最基本条件。数字图书馆通常要求数字资源在编码层次上应遵循基本的编码标准，从而为符合标准的数字资源进行数据交换提供良好的基础。

（1）基本编码标准。全球网络一体化趋势使图书馆必然要拥有一个各馆能共同识别与处理的文字符号系统，该系统应能进行多文种的统一处理和多文种字符的混合交互使用，且编码应统一，以确保图书馆的文献信息与其他领域信息顺利接轨。这个能被共同识别与处理的文字符号系统就是 ISO/IEC 10646《信息技术 —— 通用多八位编码字符集（UCS）》规定的编码字符。这一国际标准是在国际化标准组织（ISO）引导下，由国际计算机界、语言文字界的专家经过十年共同攻关的成果，它充分反映出图书馆界在进行信息处理过程中对文字符号的复杂需求。ISO/IEC 10646 的适用范围是：用于世界上各种语言的书面形式以及附加符号的表示、传输、交换、处理、存储、输入及呈现（Presentation）。CJK 表意文字统一编码区由我国参与完成。我国于 1995 年 11 月制定了一个字符集：汉字扩展内码规范（GBK），该规范将 ISO/IEC 10646 的 20902 个 CJK 汉字全部收入。ISO/IEC 10646 的商品化以及自身的进一步完善发展促进了基本编码标准的推广。

（2）特殊信息编码。特殊信息编码是涉及数学符号和公式、化学符号、矢量信息、地理坐标等的编码，例如，化学标记语言（Chemical Markup Language，CML）和适用于化学文献的置标语言标准；地理标识语言（Geography Markup Language，GML），它能够表示地理空间对象的空间数据和非空间属性数据，是 XML 在地理空间信息领域的应用。利用 GML 可以存储和发布各种特征的地理信息，并控制地理信息在浏览器中的显示。类似的还有数学标记语言（Mathematical Markup Language，MathML）、可伸缩矢量图形文件（Scalable Vector Graphics，SVG）等。

2. 数据格式

在创建数据时，要为数据选择一个合理的数据格式，不同的描述对象要求有不同的数据格式描述标准。

（1）文本格式。文本数据的保存格式一般有两种：文本文件和图像文件。文本文件的描述体系最好是采用 HTML、XML、TXT 等易于移植、易于传递的开放式描述格式，其中 XML 格式的定义必须是经过验证的 XML DTD 或 XML Schema。当然也有大量专门格式存在，如 DOC、RTF 等格式。此外，某些特殊领域有着自己的描述格式，如数学和工程计算领域的 TeX/LaTeX 格式。不过现在各数字图书馆往往采用自己定义的数据格式，如中国期刊网数据库使用的是独有的 CAJ 文件格式，它务必用专用的 CAJ 浏览器进行浏览。而超星数字图书馆采用了 PDG 格式，这也是一种类似图像格式的特殊格式，真实再现性强，但是不可以截取文本，且要用超星浏览器才能打开。纵观其他数字图书馆，几乎都存在这种情况。其根本原因在于各类电子资源开发商都有各自的版权，为了收回制作单位的开发成本及保护版权而不得不采取这样的措施。在 HTML 作为基本网络语言流行于网络时，资源制作单位无法加入版权信息及控制资源被盗用，因此只能采取本地化手段，由此致使浏览器种类不断增加，不方便用户使用。但 XML 出现后，这种现状在很大程度上得到改善。如前所述，数字资源是用元数据加以描述的，用 HTML 只能显示固定资料，而 XML 则能利用不同 tag 做不同处理，进而充分发挥元数据的优势。例如，都柏林核心元数据（DC）的 15 个元素分别从资源内容、知识产权、外部属性三个方面对信息资源进行了描述，同时以 XML 作为描述语法，为知识产权问题的解决做出了重大贡献。但是，目前重复制作情况较严重，同一个电子资源可能存在多种数字版本，其内容一致，而形式不同，导致人力、物力资源的严重浪费。因此，未来的发展趋势是资源制作部门在解决版权问题的前提下，应将重点转移到资源内容制作水平和质量的提高上来。

（2）图像格式。图像数据可以采用 JPEG、TIFF、GIF 或 PCX 格式保存。多数描述体系都要求用 TIFF 格式，它是一种非失真的压缩格式（最高 2 ~ 3 倍的压缩比），能保持原有图像的颜色及层次，但占用空间很大。而用于网上浏览的图像数据则可采用 JPEG 格式，这是一种失真式的图像压缩格式，将图像压缩在很小的存储空间中，压缩比率通常在 10∶1~40∶1。在图像压缩的过程中，重复数据或不重要的资料会丢失，因此，可能导致失真情况的出现。但因为占用空间小，故很适合互联网，可以减少图像的传输时间。对于预览的图像数据而言，可采用 GIF 格式。该格式在压缩过程中，像素资料不会丢失，丢失的是图像色彩，因而它被普遍用来显示简单图形及字体，且正好符合了预览格式的要求。线图图像（Line Drawings）则可采用 PCX 格式，此文件格式比较简单，因此特别适合索引和线图图像。

（3）视频格式。视频分为视频和视频流（即流媒体），也就是网上下载后观看和在线观看。这些格式有：AVI、MPEG-1、MPEG-2、MPEG-4、DIVX、MOV、Real Video 和 ASF 格式。AVI 是 Audio Video Interleaved 的缩写，其兼容性好，调用方便，图像质量高，容量较大。MPEG 指运动图像专家组（Moving Picture Experts Group），现在这个家族已经有了许多成员，如 MPEG-1、MPEG-2、MPEG-4、MPEG-7 和 MPEG-21 等。MPEG-1 早已被用于 VCD 资源的制作，MPEG-2 则应用在 DVD 的制作（压缩）和 HDTV（高清晰电视）方面，MPEG-4 则属于流媒体格式，可供网上观看。DIVX 视频则具有同 DVD 差不多的视频质量，适于保存。MOV 是苹果公司创立的一种视频格式，它无论是在本地播放，还是以视频流格式在网上传播，都不失为一种优良的视频编码格式。Real Video（RA、RAM、RM、RMVB）格式是视频流技术的始创者，它的特点是能够在同样的播放比特率下提供更小的文件，因此适合在窄带上传输。微软将高级串流格式（Advanced Streaming Format，ASF）定义为同步媒体的统一容器文件格式，其最大优点就是体积小，因此适合网络传输。

（4）音频格式。音频格式比较复杂，有十多种，适合数字图书馆使用的有：WMA，这一格式提高了高压缩率，可以流畅地在仅仅 20kbps 的流量下提供可听的音质，利于在线收听；MP3（MPEG Layer 3），它是最流行的音频格式，所有的播放器均支持这一音频格式，加上 LAME，配合 VBR（Variable Bitrate，动态比特率）和 ABR（Average Bitrate，平均比特率）编码出来的音乐音质、音色醇厚，空间宽广，低音清晰，细节表现良好，音质几乎可以与 CD 音频相媲美，且文件体积非常小；MP3PRO 是基于传统 MP3 编码技术的一种改良格式，MP3Pro 在较高比特率下（250kbps 左右）超过了 MP3，音质更优秀，适合保存高、真音质文件，而且体积不大，但其无法编码 48kHz 采样率的乐曲，因此选用时务必慎重，而且此格式无法保存纯语音（因为纯语音往往仅有 16kbps）；WAV 则是未经压缩的格式，用于保存高音质文件最为理想。

（5）矢量图形格式。矢量图形文件是在计算机上借助数学方法生成、处理和显示的图形，是计算机图形存储的两种方式之一。它可反映物体的局部特性，是真实物体的模型化。现在一般使用可伸缩矢量图形格式，这是一种使用 XML 来描述二维图像的语言。它建立于纯文字格式的 XML 之上，直接继承了 XML 的特性，可简化异质系统间的信息交流，方便数据库的存取，而且还能直接利用浏览器已有的技术，如 CSS、DOM 等。更重要的是，它由 W3C 制定，具有标准上的权威性。矢量可标记语言（Vector Markup Language，VML）则是一个基于 XML 交换、编辑和传送的格式，由微软公司为矢量图形在网上的发展而推出。这两个格式具有各自的优势，SVG 是 W3C 制定的网络标准，不受单一的公司控制，具有稳定性、标准性，而 VML 则受益于微软公司的大力推广，技术上有不少可取之处。

3. 内容标识

内容标识方面的标准与规范主要涉及数字对象唯一标识符，这些数字对象可能是单个文件，如数字图像（扫描或原生的）；也可能是集合体，如由多个文本、图像、音频、视频等数据对象组成的多媒体数据集合等。通常情况下，描述体系没有规定具体的标识符结构，只是对数字对象标识的原则予以规定。也就是说，数字对象命名所采用的命名体系规则应是公开和明确界定的，尽量采取标准或通用的标识符命名体系。作为数字资源集合，则需要考虑多个唯一标识符系统的互操作。

（二）关于数字对象描述（元数据）的标准规范

元数据，作为一种用于描述数字对象的详细数据，扮演着至关重要的角色，它不仅是所有数字对象信息资源建设项目的基础，而且在数字图书馆的建设过程中也起着关键性的作用。元数据的存在，确保了不同格式、不同性质的信息资源能够跨越地域界限，实现全球范围内的共享与交流。通过元数据的标准化和规范化，我们可以有效地管理和检索大量的数字资源，从而提高信息的可获取性和利用效率。元数据的广泛应用，不仅促进了学术研究的深入发展，也为公众提供了更加丰富、便捷的信息服务。因此，元数据在数字资源的整合、保存和传播中具有不可替代的重要地位。

由于数字图书馆中的资源类型多种多样，单一元数据标准不能满足描述各种数字资源的需要，进而出现适用于不同资源或适用于不同组织的元数据标准。最为典型的是美国，其各个领域都存在各自的元数据格式，例如 TEI Header、GILS、FGDC/CSDGM、EAD、VRA Core、IEEE LOM 等。在实际应用中，还需要除描述性元数据以外的元数据类型，它们是结构性元数据和管理型元数据。这样就需要规定描述数字对象的原则和基本方法，或者在具体范围内实际应用的元数据。

（三）数字资源组织描述的标准规范

前面主要讲的是单个数字对象的元数据描述。但数据对象可能根据一定的主题、资源类型、用户范围、生成过程、使用管理范围等因素被组织在一起，形成实际使用的资源集合，因而，对这些资源集合进行描述是很有必要的。

数字资源的组织描述有一定层次。

第一层可对资源集合本身进行描述，形成一个关于资源集合的元数据记录。

第二层对资源集合的组织机制进行描述，组织机制形式多样，或是简单的类别组合，或是复杂的知识组织系统，如分类法、主题词表、站点地图等，这个层次的描述也是元数据，有助于资源集合的检索和集成。

第三层可对资源集合的管理机制进行描述，例如，对资源选择标准、资源使用政策、知识产权管理政策、隐私保护政策、资源长期保存政策等及其实施机制的描述，这些描述对用户发现、选择和利用相应的资源集合是很有利的。

第四层可以对资源组织建设的过程、原则、方法及相应的标准规范进行描述，形成资源建设规范，指导资源建设。

目前规范化工作较为成熟的是对资源集合本身的描述，建立规范的资源集合描述元数据是大型资源建设体系的一个基本要求。例如，美国国家科学数字图书馆（National Science Digital Library，NSDL）规定，任何一个参加 NSDL 的资源项目应采用 DC 来描述自己的集合，并将该 DC 记录提交 NSDL 的元数据库供公共检索。关于资源集合的组织机制和管理机制的规范描述是一个新的领域，正在借鉴 W3C、电子商务和其他领域的经验，开始考虑和实验相应的标准。关于资源组织过程的指导性规范已经得到越来越多数字图书馆建设项目的重视，而且逐步扩大到资源建设的整个生命周期，包括资源选择、描述、组织、服务、知识产权保护、资源长期保护等方面的技术、政策、流程和管理问题。

（四）数字资源系统服务的标准规范

任何数字资源的价值都体现为它对用户的服务。随着网络化的发展，信息服务已经不再局限于本地服务，但技术因素和管理机制成为制约其实际开展和被有效利用的关键因素之一。人们开始利用标准规范来约束数字资源系统的服务机制，以保障系统服务在网络空间的可使用性和系统之间的互操作性。

数据信息系统服务的规范有很多，大致分为以下五个层次。

1. 接入条件规范

用户接入条件的规范属于计算机信息网络服务的范围，例如，要求资源都应支持 HTTP 协议和 HTML 语言在通用浏览器存储等。

2. 数据传输条件规范

数据传输条件规范主要涉及所传输的数据内容是否能用标准语言和格式封装，封装后的数据文件是否通过标准网络协议传输，所传输的数据文件是否能被通用浏览器解读。文本数据内容一般采取 HTML、XHTML、XML 方式封装，对于其他的格式数据，可以采用 TIFF、JPEG、MPEG、WAV 等，封装后的文件采用 HTTP 或 FTP 等标准协议传递。实际上，图书馆界也在开发基于 XML 和 HTTP 协议的元数据交换机制，例如，美国国会图书馆的元数据编码和传输标准（ Metadata Encoding and Transmission Standard，METS ）模型是对一个数字图书馆里的描述性、管理性和结构性元数据进行编码的标准，采用 XML 标准，并被包含在国会图书馆的网络发展和 MARC 标准中。

3. 数据检索条件规范

检索对于数字图书馆的服务效果至关重要，现在通常使用搜索引擎作为检索工具，也就是基于 HTTP/HTML 的检索机制，但是这种检索机制在支持异构系统的丰富检索功能和分布系统的集成检索方面受到较大制约，因此，分布式检索机制和异构系统检索机制是检索的主流。为了解决分布式检索的问题，图书馆大多采用了 Z39.50 标准，Z39.50 是关于信息检索的 ANSI/NISO 标准，是基于 ISO 的 OSI 参考模型的应用层协议。

4. 数据应用条件的标准规范

数据应用条件的标准规范解决的是用户检索结果的使用问题。标准数据格式在一定程度上可以解决这个问题，但许多数据内容（如 GIS 数据、计算数据、统计数据、虚拟现实数据等），由于其内在的结构问题，需要一定的软件支持，如一些浏览器插件等，即表现在用户打开检索结果时需要下载特定的插件，给使用带来了很大的不便。研究人员正在研究支持通用用户系统的通用浏览器，其原理包括建立共享插件登记系统和在元数据中描述所需系统软件及其链接信息，用户可以靠升级个人浏览器，按链接信息下载相关插件来支持不同数据内容的读取，但现在还没有一个成熟的解决方案。W3C 等机构正探索用 XML 开放标记语言来描述这些复杂的数据内容，例如，可伸缩矢量图形（SVG）、同步多媒体集成语言（SMIL）、语音合成标记语言（SSML）和虚拟现实建模语言（VRML）等，通过这些技术，用户可以实现对复杂数据内容的处理，实现检索条件的多样化和检索结果的多层次性。

5. 分布式数字对象机制的标准规范

分布式管理意味着全球数字图书馆遵循统一的访问协议之后，数字图书馆可以实现"联邦检索"，全球数字图书馆将像现在连接各网站一样，把全球的数字化资源链接成为一个巨大的图书馆。分布式管理之所以是数字图书馆的基本要素，在于它强调标准协议的重要性，只有全球共同遵循 TCP/IP 协议，才有互联网的今天，数字图书馆技术还没有这样一个公认的标准协议，因此，技术标准的选择和参与制定对每一个数字图书馆先驱者来说都是至关重要的。标准规范的制定正走向网络服务方式，利用 XML 对数字信息系统进行规范描述，利用登记系统实现这些描述信息的公共登记和开放搜寻，通过开放协议支持基于规范描述的信息系统调用、配置和利用。正在建立的这方面的标准规范包括网络服务定义语言（WSDL）、网络服务流语言（WSFL）、统一描述、发现和集成协议（UDDI）等。

"开放数字图书馆"的概念已经深入人心，许多图书馆都可以通过网络服务机制忽略分布式图书馆之间的差异，便利地实现不同图书馆之间信息的互通，保障资源的共享。

（五）关于数字资源长期保护的标准规范

国际上已经有了一些成型的数字资源长期保存规范，例如，开放档案信息系统参考模型（OAIS），它是由美国国家宇航局（NASA）的空间数据系统咨询委员会（Consultative Committee for Space Data Systems，CCSDS）推出的一个项目，OAIS 参考模型是致力于长期保护和维护数字信息可存取档案系统的一个基本概念框架，受到了对长期数字信息保护有兴趣的不同机构团体的欢迎。图书馆界许多项目，如 CEDARS、PANDORA 和 NEDLIB 项目，已经在数字保护方面采纳了 OAIS 模型。OAIS 参考模型目前是国际标准化组织的一个标准草案，并期望在将来成为发展完善的标准。根据目前的发展趋势，OAIS 模型在迎接数字信息的保护挑战中扮演重要的角色是完全可能的。

综上所述，经过多方努力，国内外已经形成了许多关于数字图书馆建设与服务的标准与规范，但已出现的标准尚需完善，某些领域还急需相关标准出台。

第三节　元数据与资源描述框架

一、元数据

（一）元数据的定义

元数据指英文的 Metadata，迄今为止，元数据像图书馆其他元概念一样，没有一个权威的定义，在这里仅列举几种：

ISO15489 中对元数据的定义是："元数据是描述文件的背景、内容、结构及其整个管理过程的数据。"

国际档案理事会《电子文件管理指南（1997）》中指出："元数据是关于文件

的背景信息和结构的数据。"

澳大利亚《联邦机构电子文件管理元数据标准（1999）》对元数据的定义为："元数据是关于电子文件背景信息的著录信息。"

英国国家档案馆《电子文件管理指南（1999）》中给出的定义是："元数据是单份电子文件和文件组合的背景及其相互关系的结构化著录数据。"

从以上表述可以看出，各种定义对元数据的外延界定有宽有窄，人们通常认为，元数据是"关于数据的数据"或"关于数据的结构化数据"，即元数据是描述数据的数据。目前，图书馆界主要从两个角度来定义元数据：一个角度是强调其结构化，即元数据是提供关于信息资源或数据的一种结构化数据，是对信息资源的结构化描述；另一个角度是突出其功能，即在于描述信息资源或数据本身的特征和属性，进而有利于数据之间的交流和共享。

元数据的结构包含三层体系，这三层分别是语义层、句法层和内容标准层。首先，语义层负责定义各个元素的具体含义，这是至关重要的一步。因为只有当两个不同元数据集中对应的元素具有相同的含义时，才能在它们之间建立起有效的映射关系。因此，清晰而明确的语义定义是实现不同元数据集之间互换和交流的前提条件。其次，句法层则关注于句子的结构方式以及支配这些结构的规则，它实际上描述了元数据的语法表示格式。句法层的存在确保了元数据在不同系统和平台之间能够被正确解析和理解。最后，内容标准层涵盖了数据元素格式标准和值标准，它主要解决的是元数据格式的标准化问题。例如，日期的标准化表示、分类标准的选择等，都是内容标准层需要考虑的问题。通过这种三层结构的设计模式，可以确保不同元数据格式之间能够顺利交流和理解，从而使得基于这些元数据构建的信息资源数据能够实现有效的整合。只有实现了资源的有效整合，才能进一步实现资源的共享，这对于信息检索来说具有重要意义。它不仅有助于提高信息检索的查准率，即检索结果的相关性，还能提高查全率，即检索结果的全面性。

（二）元数据的分类

1. 依功能分

（1）描述性元数据：用于揭示和描述一个对象，例如，MARC 和都柏林核心数据集就属于这类元数据。它有助于用户在搜索信息的过程中发现信息并确定其存放位置，然后再确定是不是自身所需信息。

（2）结构性元数据：将资源的各个部分连接起来成为一个整体信息，用于程序里可产生一个资源的显示界面。它可以将统计信息以图形的方式显示出来，还可以支持在资源内部各个部分间浏览的信息，例如翻动书页、跳到某一页或者某一章、在图像和文本间切换等。

（3）管理性元数据：描述数字对象的管理信息，如制作日期、资料格式、版权信息等。

2. 依资源类型分

（1）通用描述元数据：可以一般化地描述所有数据资料，如 MARC、DC、GILS 等。

（2）文字档案元数据：用于描述文字档案资料，如 TEI。

（3）数据资料元数据：这类元数据擅长描述数据资料。

（4）音乐元数据：标准音乐描述语言（SMDL）。

（5）图像与物件元数据：如艺术品描述类目（CDWA）、博物馆信息计算机交换标准框架（CIMI）、视觉资料核心类目（VRA Core Categories）、博物馆教育站点通行证数据字典（MESL Data Dictionary）。

（6）地理资料元数据：数字化地理元数据。

（7）档案保存元数据：EAD 档案编码描述格式、获取电子收藏的 Z39.50 文档。

3. 依结构化和复杂程度分

（1）未结构化元数据：未使用标准建立的索引，如搜索引擎根据网页 HTML 的标题中的标签建立的索引。

（2）相当结构化但不复杂的元数据：可提供足够的资源描述信息。

（3）相当结构化且复杂的元数据：提供详细的资源描述信息，如 MARC、EAD、CIMI 等。

二、都柏林核心元数据

都柏林核心元数据，全称为都柏林核心元数据集（Dublin Core Metadata

Element Set，DC），是当前世界上使用最广泛的元数据方案。目前，DC 已被翻译成 20 多种语言，研究及采纳 DC 的各种项目已遍及美洲、欧洲、大洋洲、亚洲等地，DC 的官方网站上有都柏林元数据的发展历程、最新进展、都柏林核心元数据创始计划（Dublin Core Metadata Initiative，DCMI）的介绍以及关于 DC 的各种会议通知等。1998 年 9 月，因特网工程特别任务小组（IETF）正式接受了 DC 这一网络信息资源的描述方式，将其作为一个正式标准予以发布，即 RFC2413。2003 年 4 月 8 日，DC 被批准为国际标准 ISO 15836。

（一）DC 发展概况

都柏林核心元数据产生于 1995 年 3 月，但在 1994 年第二届 Warwick（英国）会议中，OCLC 就提出需要一套共同协定的语法来描述并协助获取网络资源，因此，DC 的制定也是图书馆界工作者大力呼吁的结果。1995 年 3 月，在美国俄亥俄州的都柏林召开了第一届 DC 研讨会，由 OCLC 和 NCSA（National Center for Supercomputing Applications，美国国家超级计算应用中心）主持，共有来自 52 个不同领域的专家学者参与，包括图书馆员、学者、网络标准制定者、Z39.50 专家、SGML 专家等，共同讨论网络电子资源的标注应该包含哪些项目，此次会议的最终结果是产生了一个包含 13 个元素的 DC 元素集。此后，都柏林核心元数据的深入应用又促进了多次会议的召开，迄今为止，已达 12 届。在 1996 年 9 月的第三次研讨会上，DC 元数据将处理对象进一步扩充到图像资源，并且为了能对图像资源进行充分著录，新增了两个著录项，同时更改了部分著录项的名称，总共产生了 15 个著录项。1997 年 10 月在芬兰赫尔辛基举行的第五次系列研讨会上，又进一步明确了 DC 元数据格式的主要功能应侧重信息资源的著录或描述，而不是信息资源的评介。因此，将 15 个元素依据其所描述内容的类别和范围分为三组：对资源内容的描述、对知识产权的描述和对外部属性的描述。至此，DC 的整个结构终于基本成型。

（二）DC 的 15 个核心元素

1996 年，在都柏林召开的 DC-3 会议上，最终确定了 DC 元数据的 15 个核心元素。这 15 个核心元素就如同书目记录中的标记信息，但又比 MARC 更简练、更易于理解和扩展。这些优点使 DC 很容易与其他元数据形式进行交换，这也是它能成为标准的原因之一。当然，这 15 个元素是可选择、可重复和可扩展的。在 DC-5 会议上所作的报告中，将这 15 个元素依据其所描述内容的类别和范围分为三组。资源内容描述类元素包括：题名、主题、描述、来源、语言、关联、覆盖范围。知识产权描述类元素包括：创作者、出版社、其他参与者、权限管理。外部属性描述类元素包括：日期、类型、格式、标识。

（三）DC 的限定词

在实际应用中，DC 元数据集中 15 个基本元素的描述能力有限，因此必须加以限定和进行若干子元素的规范描述。为了确保具有较好的操作性，在进行限定子元素规范的时候不能改变元素本身的定义，不能重新对基本元素做出解释，而只能根据自己团体和行业的需要对 DC 元素进行限定和规范。

在第四次 DC 元数据研讨会即 DC-4 上，确定了 DC 限定词（堪培拉限定词），其包括如下三种：模式体系（scheme）、语种描述（language）和属性类型（type）。

随着人们对 DC 核心元数据集的深入研究和探索，对限定词的理解变得更加清晰和透彻。根据限定词在不同情境下的应用，人们将其分为两大类：第一类是元素精确定义型限定词。这类限定词的主要作用是使一个元素的意义变得更加明确和具体。通过添加限定词，元素的基本含义并未发生改变，只是变得更加具体和详细。值得注意的是，当一个用于解析元数据的解析器遇到无法识别或解析的特定元素限定词时，可以选择忽略这些限定词，而仍然能够正确地解析出元数据的原始含义。第二类是编码模式限定词，这类限定词从制定标准的角度出发，对 DC 非限定词的值进行严格的限定。这意味着，这些值必须从限定词所指定的标准中选取，这些标准可能包括控制词典、标准符号或解析规则等。通过这种方式，编码模式限定词确保了元数据的一致性和标准化，从而提高了数据的互操作性和可理解性。

（四）DC 的功能

元数据可真正起到网络著录的功能，使资源的管理维护者及使用者可通过元数据了解并辨别资源，进而利用和管理资源，为从形式管理转向内容管理奠定了基础。

1. 描述功能

对信息对象的内容和位置进行描述是都柏林核心元数据最基本的功能，它为信息对象的存取和利用奠定了必要的基础。

2. 识别功能

DC 中有许多用于识别被检索的特定信息资源和区别相似信息资源的元素，如日期、类型、格式和识别符，日期提供能识别版本的信息，格式则提供资源的媒体形式或尺寸，对于资源解释很有意义。

3. 资源定位

网络资源是没有实体存在的，标识元素就准确地指明了资源的位置，标识元素包括统一资源标识符、数字对象标识符和国际标准书号，由此可以确定资源在网络上的位置所在，促进了网络环境中数字对象的发现和检索，超越了时间和空间的限制。

4. 资源检索

DC 的设计目的就是方便网络上所有资源的检索，其 15 个元素的制定就是为了成为用户查找资源的检索点，为搜索引擎的网络机器人提供了识别资源的线索。DC 扩展了 META 标签的描述能力，搜索引擎可以对资源进行更加深入的了解，一是提高了用户查找的准确率；二是扩展了检索点，搜索引擎可以提供更多的检索入口。以百度为例，它提供了新闻、网页、贴吧、MP3、图片、网站 6 个检索入口，用户可以根据检索词所属范围进行检索，而且每个检索入口下有更详细的分类，如"图片"入口又分"图片""新闻图片""彩信图片"，这样逐级将用户的检索范围缩小，对于提高检索效率是极为有利的。

5. 资源替代

由于 DC 对资源对象的详尽描述，尤其是"描述"元素对资源所做的简明扼要的介绍对原文有一定的替代作用，可以满足一部分并不需要获取原资料，仅收集相关情报用户的需要，用户可以根据这些情报对资源进行相关的选择。

6. 资源评价

DC 提供了资源对象的名称、内容、年代、格式、制作者等基本信息，用户不必浏览资源本身，就能够对资源对象有个基本的了解和认识，参考有关标准即可对其价值进行必要的评估，作为存取和利用的参考。

总之，都柏林核心元数据集以其精练的元素描述和不断扩展的能力得到业界的认可，并逐步成为标准。展望未来 DC 的发展，DC 要面对的是如何更加准确地描述资源，如何与搜索引擎结合，DC 要得到发展，必须得到更多行业的认可，进而获得一个广阔的发展空间，同时也要不断吸收其他元数据的长处，不断改进。

（五）DC 与 MARC 元数据之间的映射

目前，随着 DC 数据元素的描述细节日渐完善，一个 DC 元素可能对应几个 MARC 字段，如"合作者或其他创作者"元素可能包含人名、机构名或会议名，有些 DC 元素在现行的 MARC 格式中可能找不到对应字段，也就是说，在某些方面，DC 已经超越了 MARC，但这一切并不能改变这样一个事实：在 DC 中，许多有用的信息都能相应地在 MARC 中找到描述的方式。DC 与不同的 MARC 在类目（字段）的定义和设置上不同，但它们在主要内容上比较一致，可以相互转换。

三、资源描述框架

数字图书馆中可以利用的元数据种类与格式很多，解决不同元数据互操作问题的一个有效方法就是建立一个标准的资源描述框架。资源描述框架（Resource Description Framework，RDF）是 XML 的一项最重要的应用，对于数字图书馆的开发具有重大意义。RDF 使数字图书馆具有更优的搜索引擎功能，在数字图书馆的网络导航中将发挥巨大作用；RDF 可以描述内容与内容之间的关系，可针对数字图书馆进行描述，易于实现知识的共享与交换；RDF 还可以使内容按儿童不宜与隐私保护等分级，可将逻辑形式独立的文档描述为互联网页面集，并可说明网页的知识产权。这些功能极大地方便了数字图书馆的管理、维护和使用，尤其是对网上知识产权的保护起到了积极作用。

要把 RDF 的原理阐述清楚，首先必须着眼于元数据、DC、RDF 以及 XML 之间不可分割的关系。数字图书馆信息资源组织的核心内容就是充分利用这些工具，组织各种数字资源，进而更好地服务大众。

（一）定义

RDF 是一个使用 XML 语法来表示的简单元数据方案，用它来描述网络资源的特性及资源与资源之间的关系。使用 RDF 的主要目的是为元数据在网络上的各种应用提供一个基础结构，使应用程序之间能够在网络上交换元数据，以促进网络资源的自动化处理。

（二）组织结构

RDF 的组织结构有多种说法，三元组结构是对其最科学的描述。还有一种说法是，其组织结构包括资源（Resoure）、属性（Property）、属性值（Property Value），实际上，这两种说法是一致的。

（三）特点

1. 易于控制

RDF 使用简单易懂的三元组模式，易于控制。如果用来描述元数据格式的语法太复杂，必将大大降低元数据的使用率，进而最终无法得到元数据描述规范的认可。

2. 扩展性、开放性

在使用 RDF 描述资源的时候，词汇集和资源描述是分开的，所以很容易扩展。RDF 允许任何人定义自己的词汇集，可以无缝使用多种词汇集来描述资源，从而适应不同形式资源描述的需要，通用性很强。RDF 开放性的一个最重要表现是它可根据用户自身所需，在 RDF 模式规范内，就可以任意选择元数据集和自行定义扩展集。

3. 易于数据共享

RDF 使用 XML 语法，可以便捷地在网络上实现数据交换。另外，资源描述框架定义了描述词汇集的方法，可以在不同词汇集间通过确定元数据命名空间来实现含义理解层次上的数据交换，从而达到数据共享。

4. 易于实现资源的多层次描述

在 RDF 中，资源的属性是资源，属性值可以是资源，关于资源的陈述也可以是资源，都可以用 RDF 来描述。这就如同计算机科学里倡导的面向对象的程序设计方法有总类和子类，子类也可以有子类，而且各类有各自的属性，从而可以很容易地将多个描述综合，以达到认识、拓展知识的目的。

四、元数据、XML、RDF 的关系

各类资源之间固有的差异性使各类元数据标准彼此间不能兼容，符合某种标准规范的元数据不能被其他规范接受，这就给元数据的发展带来了不利的影响。因此，W3C 提出了 XML，它提供了与供应商无关的、可由用户扩展的、可进行有效性检验的标记语言体系，即提出描述网络资源的语法规范。为了使各类标准的元数据能实现共存共用，W3C 紧接着又发布了一种基于 XML 语法的元数据规范 RDF，目的是为元数据在网络上的各种应用提供一个基础框架，使应用程序之间能够通过网络实现数据的交换和处理。如果把 XML 看成一种标准化的元数据语法规范，那么 RDF 就可以被看成一种标准化的元数据语义描述规范。由此可见，XML 定义了 RDF 的表示语法，其作为 RDF 的承载体，方便了 RDF 数据的交换；同时，RDF 仅仅定义了用于描述资源的框架，并没有定义用哪些元数据来描述资源，而是允许任何人定义元数据用于描述资源。由于资源的属性不止一种，例如描述一本书时，通常需要描述作者、书名、出版日期等信息，一般将这些信息定义为一个元数据集。在这之中要用到的大部分资源在 RDF 中被称作词汇集（Vocabulary），它也是一种资源，可以用资源定位符来进行唯一标识。因此，在用 RDF 描述资源的时候，就可以使用各种不同的词汇集，只需用统一资源标识符指明即可。不同词汇集的使用范围不同，有的词汇集仅被定义它的人使

用，有的词汇集比较科学和通俗易懂，从而为许多人所接受。而以类似图书馆卡片目录的方式来定义资源的词汇集 —— 都柏林核心词汇集，则因为其很强的科学性而逐渐被大多数资源描述工具所使用，因此，RDF 一般使用都柏林核心词汇集来描述资源。

第四章

数字图书馆人才队伍建设

第一节　数字图书馆的人才建设

一、数字图书馆建设对人才的需求

从信息经济到知识经济，人才已经成为最重要的生产力资源。而网络化、数字化正是产生数字图书馆建设需求的技术背景与环境。数字图书馆是在信息经济、知识经济的热潮中，人们有更有效地利用与管理信息与知识的需求应运而生的。数字图书馆领域本身是最具有信息经济与知识经济时代特征的新兴领域。在这样的一个领域建设中，人才无疑是最重要的建设资源，是事业成败的关键。

20世纪70年代曾经有过一次关于"信息爆炸"的浪潮，那时人们普遍认为随着科学技术与经济的快速发展，人类社会产生的信息与知识呈指数型增长，对于信息的加工与利用成为一个亟待解决的问题。因此，这一次对于信息爆炸的充分认识也促使了以计算机为代表的信息处理技术的飞速发展，使计算机这一计算工具从主要为科学计算服务转变为主要为信息处理服务，同时也为这一产业的发展提供了广阔的市场空间。由于计算机的处理能力依照满足摩尔定律的速度高速发展，而且不光是硬件，软件也在短时间内得到长足的发展，因此，它比较好地满足了许多行业对信息处理的需求，使得这些行业的工作效率与效果都得到很大的提高。其中就包括图书馆行业。正是由于计算机应用在图书馆的成功，使得图书馆界的工作重点从手工加工为主逐渐转型，对于一些传统的专业人才的需求大为减少，很多人也认为依靠计算机就可以直接将图书馆的所有问题解决，图书馆界以后需要大量从事计算机开发与应用的专业技术人员。这样的背景也直接或间接地导致了像美国的大量图书馆学院裁并的情况，使得图书馆的专业教育进入一个低谷。这一点与我国目前的图书馆学教育进入一个低谷有一定的类似。

20 世纪 90 年代，随着网络的发展，尤其是因特网的发展，一个完整意义上的信息社会的雏形诞生了。由于信息的大量无序地膨胀，使人们又一次惊呼"信息爆炸"的来临。但这一次的"信息爆炸"的热潮与 20 世纪 70 年代那一次有着很大的不同，20 世纪 70 年代的信息爆炸中的信息绝大部分来自传统的媒介，比如，印刷型的文献、期刊、报纸，新型的影视与音频资料，绝大多数还是属于非数字化的信息资料，因此，解决那一次信息爆炸难题的关键是找到并利用新的信息处理技术，这就是基于计算机信息处理技术的由来。而由于多年来信息处理技术的推广应用，使 20 世纪 90 年代的信息爆炸中的信息多半是由计算机或网络技术环境下产生的数字化信息。对这一次信息爆炸难题的解决重点已从转换、处理及应用转变为管理、分析及应用。换言之，是要找到一些能够真正管理与利用海量信息的技术与方法，使信息从无序走向有序，使信息得以更为有效地应用。在这样的背景下，图书情报业界的一些专业理论与方法重新受到了重视，因为这些理论与方法是百多年来经实践证明的行之有效的方法，有一些在 20 世纪 70 年代后计算机应用的实践中又一次得到了验证。而将这些理论与方法应用于数字化与网络环境下的信息管理、分析加工及服务则成为数字图书馆建设的重要基石，也是数字图书馆员的首要任务。有意思的是，也正是基于这样的认识，因特网的发展使美国许多关闭的图书馆学院又得以恢复。

在数字图书馆环境中，因为图书馆员所管理的信息的性质、数量与质量以及存取方式都发生了很大变化，尽管对信息的组织、管理与服务的效率应该比传统的方式有很大的提高，但并不能因此就认为对专业信息管理人员（图书馆员）的需求减少。有人认为技术与数字图书馆的发展减少了对专业人员的依赖，使数字图书馆管理与运作中人员数量大为减少，人才的需求并不是很大。其实事实并非如此。目前的信息技术发展一日千里，但信息技术的发展还是有其局限性。诸如参考服务、编辑、摘要评论与元数据标引等工作以及人性化的服务方面，并没有相对应的具体技术手段可以替代人。从现在面临的又一次信息爆炸的背景来看，对具有现代信息管理能力、掌握现代信息技术的专业人士的需求不是少了，而是多了。对这些人才的需求也不会再局限于传统的图书、情报行业，而是会延伸到所有需要信息管理与服务、所有需要应用数字图书馆概念与技术的广阔领域。

相对于传统的图书馆行业来说，数字图书馆建设已经不再注重建筑物实体的建设，对信息资源也从保有转变为更注重获取的能力，因此在数字图书馆的建设与服务中更强调人员与技术的层面，强调人的作用，强调人的专业知识、技术能力、信息素养等。

传统图书馆中，图书馆的馆员一般只是在一个已经建设完成的图书馆中专注服务于自己的业务工作。而在目前图书馆业界的数字图书馆建设热潮中，数字图书馆员不仅要专注于数字图书馆的服务与业务工作，更多的是要与行业外的专业技术人员一起来规划、设计与建设数字图书馆。在这一过程中，不仅对新型人才的需求更大，而且要求更高。那么数字图书馆建设与运作到底需要什么样的人才呢？本章将对数字图书馆建设与运作中所需要的人才结构、数字图书馆员的角色定位、数字图书馆员应用的能力与素质以及如何来建设与培养这样一支数字图书馆人才队伍这些问题作一些初步的探讨。

二、数字图书馆建设所需人才队伍的结构

就像传统的图书馆建设与运作一样，数字图书馆的建设与运作是一个系统工程。在数字图书馆的建设与运作中，需要各种类型与技能的人才，实际上是一个有着合理结构的团队才能完成数字图书馆建设与运作这样一个系统工程。理解与掌握数字图书馆建设中所需人才的结构，对于数字图书馆建设与运作所需人才的建设是至关重要的。根据数字图书馆建设与运作的特点与要求，笔者认为数字图书馆主要需要以下几类人才。

（一）管理人才

首先，纲举目张，管理人才在整个数字图书馆建设与运作所需的人才队伍

中是最为重要的。特别是在数字图书馆的建设与运作中，由于数字图书馆建设本身尚未在方案与技术上完全定型，因此，更迫切需要具有领导才能的高级管理人才高屋建瓴的长远眼光与决策能力。

其次，数字图书馆建设的最终目标并不是靠一两个图书馆能完成的。因此，在一个系统、一个地区或者是国家范围内各个数字图书馆建设实体的领导层之间的合作与协调能力，是整个数字图书馆系统工程建设成败的关键。

再次，在数字图书馆以往的建设实践中，都存在一个理想的模型与现实的实践之间的矛盾。对于传统的图书馆行业来讲，比较现实的做法是在传统的图书馆基础之上着手进行数字图书馆的建设。如何平衡与解决数字图书馆的建设与传统图书馆的运作之间的关系与矛盾，也是摆在数字图书馆建设管理人员面前的重要课题。解决与平衡这样的矛盾关系涉及人员、资金、设备条件、技术条件与业务改革等诸多方面，不仅需要管理人员对传统的图书馆业务与管理有着深入的了解与经验，更需要他们对现代信息技术的相关知识与发展方向有很好的理解力。

最后，数字图书馆与图书馆自动化不同，后者已有成熟的技术与模型。数字图书馆的建设就比如将一个个已知的技术方案作为零件组装起来，成为一个完整的系统，但是目前这个系统并没有一个放之四海而皆准、相对比较完整的设计方案。这样的系统往往因各个数字图书馆建设实体的资源组织、资源管理与服务模式的不同而有着很大的不同，同时也受限于各个单位的人力、资金与各种条件。如何来设计与组装符合自己单位的实用系统，这里最主要的是依靠管理人员的创造能力与其对技术的理解能力。

（二）技术人才

传统图书馆管理的对象主要是印刷型文献，而数字图书馆管理的对象主要是数字化资源，相对应的，没有数字信息技术能力是不能胜任建设与服务工作的。正如在传统图书馆中，由于工作积累，涌现了许多文献整理与校勘专家。在数字图书馆的建设与运作中，没有对数字化资源的特点、管理以及存取工具（软硬件平台）充分的知识积累与操作能力，也是难以想象的。同样经过长年数字图书馆建设的经验积累与能力的提高，在现有的数字图书馆工作人员中，出现一批对数字化资源管理、运作以及相关技术有相当造诣的专家也是有可能的。因此，在数字图书馆建设与运作中，对技术人才的需求是巨大的，即数字图书馆的建设与运作是一个信息技术密集型的行业。

对技术人才的需求也包含两个层次的含义：一是要引进数字图书馆建设与运作所需的高技术人才；二是现有的传统图书馆员必须进行转型，提高技术能力，否则将不能满足未来数字图书馆行业发展的需要。

由于数字图书馆的建设与运作是一个技术含量较高的领域，其中涉及一些高级的技术人才（尤其是在初创的建设阶段）以及纯粹的技术工作人员（如编程人员），对于这些人才的需求往往可以用外包或合作的形式来加以解决。这是由于在建设初期所需的技术人才，一旦在建设阶段结束进入正常运营的阶段后就不再需要。其次从图书馆的实际情况看，它也不可能养一批目前人力成本很高的信息技术专门人才，国内的情况是如此，国外情况较好的图书馆也是如此。国外的一些图书馆也有将整个信息技术支持部门外包的情况。这样的做法使得图书馆能以较低的成本得到最专业的服务，也通过人才使用的社会化分工使得专业人才的使用效率得到最大发挥。而传统的做法使得图书馆很少能得到最好的技术人才，即使有幸找到这样的人才，也往往会造成人才高消费的现象，最终的结果也是难以留住人才。

但是，以上的做法并不是说不需要引进专业的技术人才。对于我国的绝大多数图书馆来说，对技术人才的引进是不足的。虽然说这也有着各方面的原因（比如说待遇、工作条件等），但是技术人员的不足也使得整个图书馆行业缺乏技术氛围，也由于没有相应的技术人员的带动，图书馆工作人员与管理人员对信息技术相关知识的掌握与理解力偏弱。对于数字图书馆建设这种系统工程来说，不能不说是一个致命的弱点。因此，加强专业技术人才的引进、培养与管理，对于搞好数字图书馆建设是十分重要的，尤其是在数字图书馆的初创阶段。

总体而言，根据数字图书馆建设的实际需要，目前应该加强对技术人员的引进与培养。引进与培养应偏重技术管理与应用的人员，而将开发阶段所需的专业人才甚至是今后的技术维护都可以用外包与外协的方式予以解决。

（三）市场营销人才

传统图书馆与数字图书馆的定位有着很大的不同。传统的图书馆偏重文献资源的收藏，每一个图书馆的服务对象都有着其相对固定的社区、学校、城市或一个系统的范围。由于市场区隔相对固定，每个图书馆在其固定的用户区域内，一般不存在与其他图书馆之间的直接竞争。也就是说，原来的图书馆是没有多少市场意识的，可能也正是这一点，使得在信息社会到来之际，传统图书馆在信息服务领域的地位日渐衰弱。

数字图书馆则不同，数字图书馆的理念就是要在网络的环境下，打破时空的限制向用户提供服务。因此在相同的市场区域中，数字图书馆与数字图书馆之间的直接竞争应该说是不可避免的。一个数字图书馆要获得成功，赢得生存的机遇，也必然要在市场营销上赢得先机。虽然相对于传统图书馆的公益性来讲，数字图书馆是否仍然具有公益性尚无公论，但数字图书馆的生存一定要建立在成功的市场营销基础上，因为相对于传统图书馆而言，它已经没有了地域与时空的壁垒，被替代的可能性要大得多。因此，每一个数字图书馆在建设之初就应把市场营销的观念放在首位，找到真正的用户需求，做出自己的市场定位，加强自己的核心竞争优势，在数字图书馆的市场区隔争一席之地。

这样的定位就带来了数字图书馆对市场营销人才的需求。严格意义上来说，市场营销观念应是数字图书馆建设的出发点，因此市场营销人才这一在传统图书馆中找不到位置的专业人才应成为数字图书馆建设的排头兵。与其他领域的市场营销不同，数字图书馆的市场营销实际上是一种针对信息市场的产品营销，数字图书馆的产品就是一种服务，而其服务的内容就是信息与知识。从这一点来说，数字图书馆的营销人才必须对信息市场营销的特点有深刻认识，掌握信息服务的主要业务内容，甚至于对传统图书馆的服务也要有相当的认识。

从工作内容上来看，数字图书馆的市场营销人才主要工作是需求分析（市场调查、用户调研）、市场定位与营销战略、市场促销等。与传统行业不同的是，由于数字图书馆本身具有的特点，在市场促销中网上促销将成为其重要内容。

三、数字图书馆员的素质与能力要求

数字图书馆员是建设与运作数字图书馆的骨干力量。数字图书馆员不仅需要掌握传统的文献信息及其相关的管理与服务知识，更需要对新技术尤其是信息技术与网络技术有深刻的认识与掌握。

（一）信息素养

在现代信息社会的环境中，每一个从业者对于信息的利用能力都是其自身社会竞争力的最主要组成部分。对于从事信息专业工作的图书馆员来讲，信息素养更是其必备的专业素质与能力。另外，无论从社会环境，还是从传统图书馆到电子图书馆再到数字图书馆的发展演变，图书馆已从依赖于信息载体的信息管理与利用时代跨越到无形载体的时代，直接关注信息与知识是目前建构于网络时代的数字图书馆的最主要的特点。数字图书馆员在建设与运作数字图书馆的过程中，正是要关注信息本身，加深对信息的理解与利用能力，不断地学习新的信息与知识，以完成管理、综合、加工与利用信息的任务，因此，具有较高的信息素养能力是其能力结构中最重要的基石。

学会确定在网络时代中数字图书馆用户对信息的需求，熟悉数字信息及其在网络环境下的特点，学会正确地评价数字化信息的价值，掌握网络环境中数字信息的查找与获取，对数字信息的综合与利用以及与其他信息机构及专业同行乃至用户的合作意识是数字图书馆员的信息素养能力在数字图书馆建设与运作中的具体表现。数字图书馆员只有加强自身信息创新方面的教育、提高信息素养，才能为用户提供全新的、深层次的信息服务。

（二）计算机素养

对应于信息素养的要求，同样有计算机素养的要求。计算机技术是现代信息社会中信息创建、处理与传播的基本工具，也是现代信息技术概念的内涵。不掌握计算机相关技术，没有这一方面的基本能力，信息素养能力的发挥是要大打折扣的。

计算机素养，也有人称其为工具素养或者直接称其为信息技术素养，其含义就是利用计算机或者说是信息技术工具的能力。这一素养强调操作与管理利用的能力，而不是以人作为机器的奴隶。实质上，计算机素养应该是信息素养的一个组成部分，它将对信息的知晓转向为对信息的利用工具与手段上。

过去十年内，信息技术的一个最重要的进展就是能够更有效地组织与输送信息给每一个人，现在这一输送信息的能力早就大大超出个人所能管理与有效利用它们的能力。技术的进步、信息的洪流，推动着个人不断地去学习掌握计算机技术，并将之用于更有效地利用信息。这些技能都成为信息素养的一个重要组成部分。这也就是谈到信息素养不能不重视计算机素养的主要原因。

（三）自我学习的能力

如何来培养或找到一个合格的数字图书馆员呢？哪些技能、经验或品质应该是被看重的呢？对这个问题的回答可以有两种不同的角度：一种是看重现有的知识与技能，从现有的具体工作与技术要求出发去挑选人才；而另一种则是从自我学习的能力出发，从未来发展的潜力出发去挑选人才。

数字图书馆的概念以及数字图书馆的建设事业，目前还是在不断发展与完善的过程中。其未来的发展以及新的技术与领域肯定有很多是今天无法预测的。所能预见的就是变化将是其中不变的主题，实际上变化也是这个世界许多事物发展永恒的主题。但是对信息技术最前沿的应用领域——数字图书馆来说，变化将会更快、更多。在这样的环境下，数字图书馆员本身所具有的知识与技能就变得不是很重要了，更重要的是他能够适应这个变化的环境，不断地学习新的知识与技能，才能跟上甚至带动这个领域的发展。

举例来说，随着科学技术的发展，知识增长速度大大加快。英国技术预测专家詹姆斯·马丁的测算结果表明：人类的知识在19世纪是每50年增加一倍，20世纪初是每10年增加一倍，70年代是每5年增加一倍，而近10年则为每3年增加一倍。同样以数字图书馆员所应掌握的具体的计算机软件或相关技能来说，目前这样的知识更新速度也大体上是三年的时间，也就是说，三年前掌握的具体的计算机技能在三年后大多不适用了。在这样一个知识以爆炸式的速度急剧增长、老知识很快过时的时代，具有自我学习、终身学习的素养与能力要比你现在所掌握的知识与技能的多寡要重要得多。

从前面所讲的数字图书馆员所应具有的信息素养来看，其内涵也是信息素养、计算机素养与终身学习的能力三位一体的。数字图书馆员必须具有了解信息、找到信息以及处理与分析信息的能力，而计算机或其他信息技术装备则是其完成这些工作的工具，而对信息的处理、对知识的发现则是其自我学习、终身学习的养分与资源。

四、数字图书馆员的教育与培训

近几年来，国内外有关数字图书馆的研究开发项目层出不穷，资金投入也很大。然而相对于数字图书馆建设的投入来说，对于数字图书馆相关的教育与培训在国内外都显得不足。迄今为止，没有一个大型的专事数字图书馆建设与使用者的大型教育或培训项目出现。尽管大家都认为合格的人才是建设数字图书馆的必要条件，但不可否认的事实是，对数字图书馆员队伍的建设，无论从投入与实践来看都是滞后的。建设一支合格的数字图书馆员的队伍，最主要的手段就是教育与培训。

（一）教育与培训的不同

教育与培训虽然都是提高人员知识与能力的主要方法与手段，但是这两者之间还是有着不同的侧重。通常而言，教育侧重的是系统的理论知识、概念与方法，以及工作中可能应用到的工具与解决问题的方法，教育一般不针对具体的工作流程、工作技能知识。教育通常是在各类院校中完成，有完整的体系、理论与方法，这一完整的体系也构成了一个专业的职业内涵。培训通常是指经验的传授，或者是针对某一工作任务的具体技能的传授。通常情况下，经过教育体系培养的专业人士在正式踏上工作岗位时都应经过一定的培训，这样才能真正适应工作的需求。从这一点来说，图书馆专业如此，其他专业也大抵如此。

从教育与培训的不同来看，可以看出教育占有更为重要的地位。这不仅是因为教育支撑起了一个专业的职业，同时也是因为教育提供了专业人士掌握自己专业的基本概念与理论的方法、解决问题的方法等，这一点比起专注于专门的一种工作技能更为重要。在数字图书馆的建设与运作中，由于发展迅速，新技术层出不穷，各种工作所需的技能本身变化很大，没有人可以预知在未来的某一项工作中会需要什么技能。因此对于基本理论与方法的掌握、独立学习与解决新的技术问题的能力等就显得尤为重要。同时，对于基础理论与背景知识的掌握也是完成一般培训课程的必要条件。当然，在数字图书馆员的培养中，教育与培训都能够提供有价值的知识与技能，两者是缺一不可的，关键是要在两者之间找到一种平衡，使数字图书馆员在拥有作为一个专业人员所应具备的核心能力与竞争力之外，也能够适应工作中不断变化的各种技能需求。

（二）教育与培训的方式与内容

1. 教育与培训的形式

教育与培训可以有多种形式。有人提出图书馆信息人才的培养大致可以采取以下两种途径：一是由图书馆自行培养。可采用的方法包括建立人才培训中心；根据实际需求分期分批进行轮训；有条件的单位可以设立硕士、博士点，培养高级信息人才。二是社会协助培养。可采用的方法包括改革现有的图书馆学情报学高等教育内容，重组与开设新的课程以培养出符合信息时代需求的高级信息专业人才；利用高校优势，加大函授力度；发挥情报所传统的人才优势，为图书馆界培养人才；与国外教育机构或公司合作建立人才培训中心。这些建议对于数字图书馆人才建设也有着相当的参考价值。

首先，从培训的形式上来讲，可以在培训技术手段上予以加强，比如，可以利用网络教育手段开发数字图书馆培训教程，这些教程可以放到广域网上，也可以放到局域网上，使员工可以根据自己的需要与时间做到随时随地地学习。同时由于这样的培训往往涉及一些相关技术内容，在网络环境下的学习使员工更能身体力行，效果更好。其次，培训方式可以更多样化，培训的外延可以扩展。比如鼓励技术人员参加各种 IT 的展示会及培训课程。因为由各类公司举办的产品演示及培训往往是了解最先进技术与产品的最好的渠道。邀请各个相关企业来做现场的演示与培训也不失为技术培训的一个很好的方法。其他诸如鼓励员工参加各种学术交流的会议，与国内同行加强观念与技术的交流，也能使员工的知识与能力在短期内得到提升。最后，数字图书馆的相关课题与技术往往走在信息技术发展的最前沿，要想掌握最新的理论技术与动态，最好的方法是走出国门与国外同行进行交流。在条件许可的情况下，选送骨干员工出国参加数字图书馆短期或长期培训，可以接触到国外最新的数字图书馆观念与技术，也会在交流的基础上带来国际合作的可能性。

2. 教育与培训的途径

从另一个角度来看，数字图书馆员的培养无非是通过教育与培训两种途径。从教育来说，高等教育体系是主力军，担负着培养数字图书馆员及相关高级人才的主要任务。而从培训来说，则用人单位也就是图书馆单位担负着主要任务。对于培训而言，不管采用何种方式，首要的一点要保证规划与投入。有了规划，人才的培训机制才能得以建立，培训工作才能长久开展。而投入则是上述工作的必要的资金保证。在这一方面，有很多单位做得很不够，有些单位根本没有相应的投入计划与经费列支，有的单位有相关的经费列支却得不到落实，规划中的教育培训经费被挪用是常有的事。其实，对一个组织来讲，对员工的教育培训往往能得到很好的回报，这是一笔很好的投资。同时这样的投入对员工的个人发展也有着很大的好处，最后，就形成了单位与个人双赢的局面，对于这一点应有充分的认识，这样才会在投入上加大力度，落到实处。

3. 教育与培训的内容

数字图书馆员教育的主要任务应由高等院校承担，但怎样的教育模式与内容才能培养出合格的数字图书馆员呢？这个问题在国内外都处于摸索阶段。由于客观环境的变化，我国的图书馆学情报学教育本身处于一种变革时期，原先的面向单一图书馆学情报学专业能力培养的模式正在打破。有人提出，当今的图书馆学情报学专业应立足于更大的培养综合性信息人才的层面上，课程内容应以一个核心（信息管理专业知识课程）、3个支撑点（外语、计算机、管理）、若干专业方向为基本内容，这里的若干专业方向则是针对应用方向的不同而分别做出专业选择。类似地，也有人提出以基础课系列、核心课系列、应用分支系列的结构作为信息人才教育的基本结构。这些提议都提出了很好的教育内容的结构安排，可以将数字图书馆员的培养视为众多信息人才需求中的一个专业方向，对于这样的专业方向应该安排一些怎样的教学内容，国内的高等教育体系对此所作的探讨与努力有些不足。包括北美在内的世界上许多地区与国家，都开展了数字图书馆相关的教学尝试。其中有各种专门的短训班及高等院校的硕士与学士专业课程。

（三）数字图书馆员对用户的培训

除了对馆员自身的培训之外，数字图书馆也不能忽视对用户的培训。因为数字图书馆是一个全新的架构，用户对这一新事物必然有一个熟悉与掌握的过程。在计算机平台与网络环境下，与传统的图书馆工作人员一样，对于这些新技术与新环境，有很多的用户对此缺乏必要的专业知识与使用经验，对其进行一定的帮助和训练是十分必要的。同时，在网络平台环境中，数字图书馆可能相对缺乏人与人（用户与图书馆员）之间的直接交流，如何在网络环境下寻求帮助及掌握进行交流的技巧对于用户而言是十分重要的必备知识技能。要知道数字图书馆的最终目的是要让用户来使用，而不是为了研究或者显示开发建设者的技巧，实际上，只有让用户学会使用数字图书馆、利用数字图书馆，进而产生直接或间接的经济效益或社会效益，投资建设数字图书馆的资金才不会白费。因此对用户的培训也是建设数字图书馆过程中的一个重要环节。

与传统数字图书馆不同的是，数字图书馆更为强调的是个性化的服务，强调与用户的交互作用。在这样的环境中，用户在某种意义上来说也对数字图书馆的建设与发展做出自己的贡献。数字图书馆的使用效果及发展与用户的使用技能及创造力成正比，用户如能得到充分有效的训练也就是为数字图书馆的发展与利用打好了基础。此外，传统图书馆担负着一定的教育职能，数字图书馆同样也责无旁贷地具有相同职能，在用户的教育方面数字图书馆相比传统图书馆有着与生俱来的优势。利用数字图书馆的资源与技术条件来对用户进行教育培训将是数字图书馆的一个重要任务，而教育培训的内容不仅仅限于帮助用户使用数字图书馆。

因此一定要将对用户的培训工作纳入整个数字图书馆的工作计划，这样才能使用户的培训工作受到重视，进而有条不紊地进行。可以利用数字图书馆本身多媒体及网络环境的优势，采用在线或远程的方式对用户进行教育与培训，也可以利用各种帮助手段使用户在使用中学习。当然，在用户的培训中，也不能偏废传统的培训与教学手段，以使一部分对新技术并不熟悉的用户熟悉与掌握新的使用方法与网络环境。

第二节　数字图书馆的人力资源管理

一、人力资源及人力资源管理

人力资源是指人的脑力和体力的总和。人力资源管理是指对人力资源的获取、保持、利用和开发等方面所进行的计划、组织、指挥、控制和协调的活动。

西方发达国家管理实践和管理理论的演进已经从"工具人""经济人"阶段正式步入"以人为本"的管理阶段。现代管理者已经认识到，管理首先是人为达到自己的目的而进行的自觉活动。人的任何管理活动都是主观的，因而人是一切管理活动的主体。"以人为本"就是在现代管理活动中应以人为中心，以做好人的工作为根本。

传统图书馆管理偏重对信息资源的管理。1999 年，有人提出从"读者第一"到"图书馆员第一"的新观点，从图书馆管理的角度强调了"图书馆员第一"的重要性。所谓"图书馆员第一"，就是要"以人为本"对图书馆进行管理。在数字图书馆管理中，无论是对信息资源的管理，还是对其他资源客体（如设备等）的管理，离开了对人（即馆员）的管理，将一事无成。如数字图书馆的信息资源建设，其采编人员是关键，对信息资源的管理，其核心应是对采编人员的管理。因为采编人员的素质（文化素养、政治素养、信息素养、分编技巧等）是直接影响信息资源建设质量的关键。

二、数字图书馆人力资源管理的主要内容

（一）人力资源的信息管理

人力资源的信息管理是人力资源管理的基础性工作，只有把数字图书馆有关人力资源的信息掌握清楚，才能对数字图书馆工作人员进行分类指导和有的放

矢的管理，才能使人力资源管理取得最佳效益。人力资源的信息管理包括：

1. 收集

收集的内容有人员基本情况、人员的工作业绩、科研信息、思想政治状况、特长等。

2. 加工

上述原始信息必须经过一定的加工处理才具有可用性。信息加工就是将收集来的信息按照一定的程序和方法进行分类、分析、编制，使之成为一份真实的、规范的信息资料，以利于传递、储存、使用和进一步开发。为使加工的人力资源信息具有较强的可用性，必须保证信息的客观性，加工信息时必须坚持从原始的真实材料出发，而不能主观臆断，不能随意修改信息数据。在信息加工过程中，要注意去粗取精，去伪存真，准确无误地做好所收集信息的定性和定量分析。人力资源的信息加工要完成如下程序：信息分类（按一定标准和工作要求进行）、信息统计分析（将分类的信息进行统计，如按职称分类，高职、中职、初职人员各有多少人）、信息的比较（如职称方面，中职、高职人员各占多大比例；又如年龄方面，40 岁以上、50 岁以上各占多大比例等）、信息的综合处理（对人力资源信息进行相关的统计分析以及纵、横向比较后，再进一步对不同时期、不同侧面的有关信息加以灵活的综合处理，从中得出科学的结论）。

3. 人力资源信息的储存

人力资源信息的储存是指将已经收集并加工整理完毕的信息资料，通过计算机系统或各种传统媒介，以文字、图表、图像以及光信号、磁信号等多种形式记录并储存下来。这一过程是为了建立一个全面而详细的人才库，以便于未来在招聘、培训、绩效评估等各个环节中能够迅速而准确地调用相关信息，从而提高人力资源管理的效率和效果。通过这种储存方式，图书馆可以更好地管理和利用其人力资源，确保在激烈的市场竞争中占据有利地位。

（二）部门设置与岗位分析

科学合理的部门设置和岗位分析是构建数字图书馆人力资源规划的核心基础。数字图书馆的部门架构和岗位配置与其规模大小、服务对象的类型、服务层次的高低以及所处的外部环境紧密相关。为了确保数字图书馆能够高效运作，必须根据图书馆的具体情况和外部环境对部门与岗位设置进行科学合理的规划。这包括明确各部门之间的关系，以及每个岗位的具体职责、权力和利益。通过这种方式可以实现机构的精简和高效运作，确保既能充分调动个人和团队的积极性和创造性，又能保持整个数字图书馆作为一个有机整体的统一性和和谐性。

（三）人力资源计划

数字图书馆的人力资源计划是指数字图书馆根据内外环境的现状与发展制定的与员工相关的计划或方案，以保证数字图书馆在当前和将来都能获取合适数量、质量的人力资源，并能在数字图书馆得到发展的同时，满足员工的发展需求与愿望。制定数字图书馆人力资源计划应主要考虑以下四个方面的因素：

（1）数字图书馆的环境是在不断变化的，人力资源计划必须具有弹性和前瞻性。

（2）根据部门设置和岗位分析，制定完整的人力资源的绩效考评措施及员工培训计划。

（3）制定公平合理的激励政策与措施。

（4）创造良好的条件，在实现数字图书馆目标的同时，最大限度地满足员工的需求，尤其要重视员工自我提高和发展的需求。

（四）员工的培训与开发

员工的培训与开发在数字图书馆的人力资源管理中占据着至关重要的地位，它们是提升员工整体素质和数字图书馆服务水平的关键环节。具体来说，员工培训的主要目标是确保受训员工能够掌握当前工作所必需的知识和技能，从而提高工作效率和质量。而员工开发则更多地关注于员工的未来发展，旨在帮助员工学习和掌握未来工作中可能需要的知识和技术，以适应不断变化的工作环境和需求。

必须深刻认识到，及时、持续且有计划地开展内部员工的培训与开发活动，是保持和提升数字图书馆人力资源再生能力和增值潜力的有效手段。通过系统的培训与开发计划，员工能够不断更新和扩展自己的知识储备，提高解决问题的能力，从而更好地适应数字图书馆的发展需求。此外，培训与开发还能激发员工的潜能，增强他们的职业满意度和忠诚度，进而降低员工流失率，为数字图书馆的长期稳定发展提供坚实的人力资源保障。

（五）绩效考评

绩效考评在数字图书馆的各项工作中扮演着至关重要的角色，它不仅能够对图书馆的运营情况进行全面的检查和控制，还能对员工的工作效率和未来潜力进行深入的揭示。绩效考评不仅仅关注员工的工作实绩，还关注员工的行为、素质、意识以及潜在能力等多方面因素，这些因素都直接或间接地影响着馆员的工作实绩。

绩效考评是一个系统化、组织化的过程，旨在全面、客观地考核和评价员工在当前岗位上的职责履行情况，以及是否具备升级或降级的条件。通过对员工的综合表现进行评估，能够为数字图书馆提供重要的决策依据，帮助管理层更好地了解员工的实际工作情况和未来发展的潜力。

因此，绩效考评应当被视为数字图书馆人力资源管理的核心内容。通过科学、合理的绩效考评，图书馆能够有效地激励员工，提升整体工作效率，优化人力资源配置，从而推动图书馆的持续发展和进步。在实施绩效考评的过程中，管理者应当注重考评的公正性和透明度，确保考评结果能够真实反映员工的工作表现，为员工的职业发展提供有力支持。

（六）人力资源的学习管理

知识创新要求数字图书馆转变为学习型组织，要求数字图书馆职员变为"学习型人"。学习不仅成为员工竞争从业的重要手段，也是员工自我更新、自我实现的最重要途径。学习型数字图书馆的本质特征就是善于不断学习。其主要体现在以下几个方面。

1. 终身学习

数字图书馆中要形成良好的学习氛围，促使馆员养成终身学习的习惯。

2. 全员学习

学习不仅仅是普通员工的事，数字图书馆的领导和管理者也应该并且必须投入学习，要在全馆形成全员学习的风气。

3.全过程学习

学习必须贯穿数字图书馆运行的全过程，不要把学习与工作分割开来，提倡边工作边学习，边学习边提高。

4.团队学习

数字图书馆不但要重视员工个人学习和个人能力的提高，更要强调员工的合作学习和整体员工素质的提高。此外，数字图书馆要做好人力资源的学习管理，还必须建立相应的激励机制（如竞争上岗、奖惩严明等，促使员工由被动学习转变为要求学习、主动学习、自觉学习），制定学习计划（包括数字图书馆整体学习目标和个人学习目标、计划），定期检查学习效果。

三、数字图书馆人力资源管理的主要特征

（一）管理模式人性化

数字图书馆工作中必须一方面强调实现数字图书馆的基本职能，向社会提供最优质的服务和信息产品；另一方面也是很重要的一个方面，就是要在内部人力资源管理过程中坚持员工导向型管理，力求员工个性得到充分体现，并将其与社会需求、读者需求结合在一起，这应当成为新时代数字图书馆文化建设的基本组成部分，从而使数字图书馆人力资源管理走向人性化。人性化管理的另一个重要表现是，现代数字图书馆管理应当以人为中心，以信息为手段，不断提高数字图书馆工作人员的创造性，促使广大数字图书馆工作者树立强烈的创新意识，并从主观上感觉到"我能够通过创新而不断成长进步"的新理念，这应当是新时代数字图书馆人力资源管理的主旋律。

（二）馆员素质综合化

数字图书馆的资金投入和基础设施建设，直接体现了其当前的规模和实力。这些硬件条件是数字图书馆得以运行和发展的物质基础，而图书馆的设施和设备的先进程度，也在一定程度上反映了其现代化水平。与此同时，图书馆的人力资

源状况则预示着其未来的发展潜力和前途。数字图书馆员不仅是数字图书馆信息资源库的建设者和维护者，更是信息和知识资源与广大读者之间的桥梁和纽带。他们承担着设计、生产和操作高知识含量信息产品的重任，是确保数字图书馆高效运转的关键力量。

在未来，数字图书馆的竞争将不再仅仅局限于馆舍的规模大小和藏书量的多少，而是更多地体现在能否提供高质量和具有特色的个性化服务上。这些优质特色服务的提供，依赖于数字图书馆工作人员的潜力开发和有效利用。因此，加强数字图书馆的人力资源管理、提升馆员的综合素质，成为数字图书馆发展的关键所在。只有通过不断优化人力资源配置，提高馆员的专业技能和综合素质，才能确保数字图书馆在信息时代中保持竞争力，更好地满足读者的需求，推动知识的传播和利用。

（三）组织员工双赢化

数字图书馆人力资源管理是指通过一系列组织行为，开发全体员工的智力和潜能，提高其工作效率，使每一位馆员树立神圣的职业责任感、使命感、尊严感和崇高的敬业精神，全心全意为读者服务。我们在弘扬敬业精神的同时，也要兼顾馆员的个人发展，要充分体察并认同馆员实现自我价值的需要，使其获得与其业绩相匹配的劳动报酬，关注其学术成就与职务提升，努力寻找社会贡献与个人价值实现的最佳结合点，将馆员的个人发展和数字图书馆的整体发展融为一体，在贡献与满足中，使数字图书馆得到持续发展，个人也获得成功与成就，缔造组织与个人的双赢局面。

四、数字图书馆人力资源管理的对策和方法

（一）树立人才资源新理念

1. 树立"人才资源是第一资源"的理念

人是生产力要素中最为活跃和重要的要素。随着知识经济的发展，人才作为知识的载体，其重要性越来越突出。

2.树立"人才开发"的理念

目前各国都把人才资源开发作为经济发展的战略重点之一，而许多单位领导却存在错误的思想，总认为眼前的马群中没有千里马，殊不知，经过训练，有些马就是千里良驹。所以，数字图书馆管理者应该加强对现有人才的开发。

3.树立"人才资源合理配置"的理念

数字图书馆具备多种人才，只有创造公平竞争的环境，进行有效的组合，将人才放在最适合的岗位上，才能最大限度地发挥人才的价值，才能充分发挥群体的良好效应，也才能真正做到人尽其才、才尽其用。数字图书馆管理者应该目光长远，唯才是举，具有护才之魄、爱才之心、容才之量、举才之德。

4.树立"人本管理"的理念

数字图书馆在人员管理上应该借鉴现代企业管理手段，大力提倡"以人为中心"的"人本管理"，努力营造尊重知识、尊重人才、尊重个性的环境氛围。

（二）实行职业生涯开发与管理

具体可归纳为选人、用人、育人和留人4个方面。

1.选人

引入竞争机制，积极引进各类人才，建立合理的人员流动机制，实行公开岗位、公平竞争、公正录用。在学历结构、知识层次、年龄结构、业务能力等方面对人员进行合理调配，积极引进紧缺人才，特别是注重引进既懂数字图书馆业务，又懂现代信息技术的复合型人才，以实现人力资源的合理配置。

2.用人

有了人才，若做不到合理使用，人才再多，也是摆设、是浪费。要实现数字图书馆人才资源价值最大化，必须做到人尽其才、才尽其用，尽量使每个人能够在自己合适的岗位上充分发挥自己的聪明才智和能力，并能长期保持工作热情和干劲。首先，给每一位工作人员配备合适的工作岗位，根据个人的实际情况和数字图书馆的需要，适时调整其最终的职业发展方向；其次，注意在工作中不断开发工作人员的能力，保证工作人员可以在工作中学习到更多的知识和技能；再次，依据每名工作人员的具体情况，如专业、学历、兴趣、技能、发展方向等，为其设计职业生涯道路，最大程度地发挥每一位员工的个人潜能；最后，竞争上岗、择优聘任、严格考核，使每一位员工感受到危机，从而起到激励先进、鞭策后进的作用。

3. 育人

现代数字图书馆要求其员工必须具有广博的知识、熟练的技能和一定的科研能力，能在庞杂的信息中去粗取精，去伪存真，为读者提供优质、高效、准确的知识信息服务。数字图书馆员应是一专多能的复合型人才。因而，数字图书馆要重视对员工的培训和继续教育，有计划、有步骤地安排员工在岗、脱岗学习培训，以不断提高他们的知识水平和业务能力。数字图书馆员的培训工作应着重从以下 3 个方面开展：

（1）基本技能培训。主要指为了满足信息时代用户的信息需求，为工作人员提供有关计算机基本操作、网络基础知识、数据库管理、网络环境中的信息收集与处理、信息检索工具的生成、网络信息的利用、专业外语等方面的培训。

（2）解决实际问题的培训。对于想在数字图书馆事业中成长为一名管理人员的工作人员来说，应为其提供管理方面的培训，帮助他们提高解决实际问题的能力。

（3）对于中、高级专业技术员工，提倡"走出去"参加研讨会、学术会议和进修班等知识层次高、创新能力强的业务培训，努力构建数字图书馆所需的人才梯队和知识体系。

4. 留人

数字图书馆属于清水衙门，社会地位不高，工作环境比较保守，待遇偏低，所以易造成人才流失、人才压抑、人才涣散的现象。因而数字图书馆要创造出吸引人才、留住人才的机制和环境。比如，提高工资和福利待遇以留住人才，良好的福利和奖励可以弥补收入上的不足，它们作为劳动报酬的重要补充，是吸引人才的一种手段；为员工营造和谐的组织环境和工作环境，凝聚员工的向心力以留住人才，可以采取改善工作条件、提供更多的休闲娱乐机会、提供培训机会、提供晋升机会等措施来调动人才的积极性；为员工创造充分施展自己才华的机会和条件，建立健全各种规章制度，努力促进公平竞争，给每个人创造发挥才干的机会，使优秀人才脱颖而出；建立科学的工作考核、人才评价的标准以留住人才，深化分配制度的改革，建立以业绩为核心的考核体系，使之与培训、晋级、资金、岗位等相联系。

（三）人力资源的梯次开发

由于个性、气质、学历、智商、情商等因素的个体差异，人力资源在素质上具有不同的梯次。如果把数字图书馆中所有具有劳动能力的在职职工总称为"人力资源"，那么其中具有系统的专业知识、较强的专业工作能力和研究能力、管理能力、创造能力的员工则可以被称为"人才资源"，其他员工被称为"普通人力资源"。人才资源的质量关系到一个馆的办馆水平和效益。数字图书馆中不同的工作部门、同一部门中的不同岗位，对人力资源素质的需求是不同的。根据人力资源素质的梯次来决定其在馆内的地位是人力资源开发的核心。其中要掌握的关键是：

（1）坚持能力本位制，而不是学历本位制和资历本位制。传统的人事制度过分强调学历和资历，事实上，个人素质、能力与学历和资历并不成简单的正比例关系，对学历和资历的过分依赖固然有利于简化人事管理体制，但它给人力资源管理带来严重的负面影响，形成了吃老本、熬年头、不思进取、但求无过的风气。

（2）正视人力资源素质的差异性。就数字图书馆而言，有的馆员具有较深厚的专业基础知识，有的具有较广博的学科知识，有的十分熟悉馆藏……最高明的人力资源管理就是要把每一个人都放在适合他的岗位上，使他的才能得以充分发挥。

（3）馆内分工的梯次代表不同的权力、义务、责任和分配方面的利益，这种权力、义务、责任和利益的梯次应与人力资源素质的梯次基本吻合。由于人力资源的可塑性和可激励性，分工的梯次不应当一成不变，而应根据人力资源的变化情况适时地加以调整。

18世纪，意大利经济学家帕累托（Vilfredo Pareto）根据经验，总结提出了

"20/80 法则"，即抓关键的少数。对一个特定的整体来说，重要的因素通常只有20%，而琐碎的因素则是80%，只要控制关键的少数，就能控制整体局面。"20/80 法则"提倡的是"有所为，有所不为"，将"20/80"作为确定比值，将其运用到管理中，就是侧重抓关键人、关键环节、关键岗位。将"20/80 法则"用于管理数字图书馆人力资源，有可能使效率提升一倍。组织培训时，将80%的投资优先用于业务骨干，对他们进行能力的培训，使他们具有多方位的素质，在业务上创新和超越，致力于以知识导航为理念的服务。同时，数字图书馆在按照业务工作的缓急设计培训计划时也不要忽略一般性培训，将20%的投资适当用于职工的普及教育和岗位培训。这样，既激励了骨干，又带动了职工。

第三节　数字图书馆的团队管理

团队管理就是优化群体结构，发挥群体的智慧和力量，最大限度地对人力资源进行有效整合，是数字图书馆快速回应读者需求、提升服务效率、求得"人力资本"能量的最大化释放、提高其核心竞争力的重要手段。构建团队、协同与合作是数字图书馆在网络信息时代生存与发展的客观要求，是数字图书馆紧跟时代步伐、与时俱进的必然选择。

一、数字图书馆现行管理体制的弊端

（一）不利于创建人性化环境

数字图书馆现行管理机制僵化，注重"管理事"，强调的是纪律和制度的制约，对工作人员的责任、服务内涵的深化、服务品种的创新和服务质量的提高没有系统的考虑。这种管理缺乏柔性、沟通、人文关怀，没有形成人才成长的良好氛围。职工能进不能出，职务、职称聘用能上不能下，考核走过场，员工稳拿

"铁工资"，平均主义盛行。这种状态不利于激励性和竞争性的人力资源管理机制的建立，不能建立良好的用人机制，影响了数字图书馆的发展。此外，权力高度集中，又缺乏有效的监督机制，事无巨细，皆由领导拍板，造成专权，助长和诱发馆内外的不正之风。工作流于形式，缺乏认同感和凝聚力，使管理者和馆员的着眼点和注意力与事业、工作偏离，导致数字图书馆的发展目标与个人目标不一致，更难以满足馆员的个性化需求。

（二）难以增强数字图书馆组织的适应性

数字图书馆现行的组织结构一般是部门化的层级结构，是岗位责任制和目标管理制的结合，其效果并不理想。因为数字图书馆除编目岗位外，其他岗位的工作无法量化，岗位之间不具有可比性，个人之间的工作量无法平衡。数字图书馆服务是相互协作、互相依存的，表现的往往是整体的效益，个人目标难以确定，个人绩效难以考核，从而影响数字图书馆整体目标的实现。对一些部门的人员素质提出过高的要求，如要求采访人员、参考咨询人员必须对多学科知识有全面而深入的研究，这难以达到。数字图书馆信息资源的开发利用是一项协作性很强的工作，客观上需要不同学科知识的互补，需要多元化的思维方式和广博深厚的知识储备做后盾，需要专业侧重点不同的人员汇集起来协同作战。以部门"割据"为开发格局，无法适应形势发展的需要；各职能部门负责人长期从事某项专门的业务管理，视野狭窄，能力单一，难以对数字图书馆事业从宏观上进行整体把握，不利于高级人才的培养。

（三）数字图书馆的学术地位无法体现

数字图书馆是学术性的服务机构，要在其服务中体现出学术性。学术性的体现依靠的是集体的智慧和力量。但在目前的数字图书馆科研中，还只习惯在有限的智力空间中单兵作战，得不到来自他人的智慧的支持。所以，数字图书馆科研难以有显著的成果。随着现代科技文化的纵深发展，解决问题时所需要的综合素质越来越强，单兵作战只宜解决以个人经验为基础、学科面不广的课题，对牵涉面大、内涵深的复杂课题难以产生睿智的综合判断力。高质量科研需要利用团队结构，让具有不同能力、专业、阅历和个性的人自由组合，形成异质性群体，以增加观点的多样性、知识的丰富性，这有利于知识创新，有利于提高数字图书馆的学术地位。

二、数字图书馆构建团队管理的意义

（一）有利于实现人才资源的最优整合

团队管理在数字图书馆领域发挥着至关重要的作用，它能够有效地实现人才资源和社会资源的最优整合。由于国家和地区之间经济发展水平的差异，对人才的需求在数量和质量上也呈现出不均衡的状态。例如，在北京、上海、深圳等大城市中的大型数字图书馆，他们所面临的人才短缺问题与中小型数字图书馆所面临的人才短缺问题并不在同一层次上。同样地，公共数字图书馆与高校数字图书馆所面临的人才短缺问题也存在显著差异，不能简单地等同视之。这种情况表明，"优秀人才"的定义具有一定的环境相对性，因此从整个社会的角度来看，建立一种人才共享机制显得尤为必要。通过这种方式，可以最大限度地提高人才利用效率，实现人才资源的最优整合，从而更好地满足不同地区和不同类型数字图书馆对人才的需求。

（二）有利于实现数字图书馆的管理创新

1. 思维创新

从系统论的角度来看，团队管理能够有效地激发团队的智慧和潜力，这种潜力通常会超越团队中每个个体单独创造能力的总和。通过团队成员之间的有效信息交流和知识共享，团队能够实现"思维共振"。这种共振不仅能够促进团队成员之间的相互理解和协作，还能够激发团队的创造性思维。在这样的环境中，团队成员能够相互启发，共同探讨问题，从而在较短的时间内产生富有成效的创造性成果。这种成果不仅能够推动项目的进展，还能够提升团队的整体竞争力和创新能力。因此，团队管理在激发团队潜力、促进知识和技术共享以及推动创造性成果的形成方面具有不可替代的重要作用。

2. 管理创新

团队管理不仅是一种组织形式，它更是一种具有自我管理、集体负责和高业绩特质的管理模式。这种模式在客观上打破了传统层次管理的弊端，使团队成员在工作中能够充分发挥自己的主观能动性。团队中的每个成员都享有平等的地位和同等的发言权，这种平等的氛围能够极大地激发成员的内在动力，使他们更加积极地参与到团队的事务中来。

在团队管理中，管理者通常会将一些决策权下放给团队成员，这样做不仅能够体现民主性，还能够提高决策的正确性。因为团队成员在实际工作中更了解具体情况，他们的参与能够使决策更加贴近实际，更加科学合理。此外，团队领导会根据每个成员的个人条件和能力来分配相应的岗位，确保每位成员都能够明确自己的职责、权力和利益。这样的安排能够充分发挥每个专业人才的优势，使他们在适合自己的岗位上发挥最大的作用。

通过这种方式，团队能够取得综合效益，提高整体的工作质量。每个成员都能够在其擅长的领域内发挥最大的潜力，从而推动整个团队向着更高的目标前进。团队管理的这种特质不仅能够提升工作效率，还能够增强团队的凝聚力和向心力，使团队在激烈的竞争中立于不败之地。

3. 增强学习能力

团队学习能力是指团队成员对新知识、新观念、新事物的理解能力、吸收能力和整合能力。因此，数字图书馆管理者应把数字图书馆建成学习型组织，倡导终身学习。学习型组织的最大特点是：学习已成为员工个人及部门主管和团队等组织的共同职责，学习与工作已不可分割地联系在一起，在学习与工作中创新已成为整个组织系统的自觉行为，能够使整个团队的学习和创新能力始终处于一个较高的水平。通过团体学习，统一认识，统一奋斗目标，使团队成员分散的力量得到整合，有利于提高数字图书馆的学术地位，最后达到远远超过个人期望的共同愿景。

（三）有利于馆员自我价值的实现

随着社会的不断发展和进步，人们对于各种需求的满足也变得越来越多样化。人性需求的不断变化和演进对各类组织提出了更高的要求，迫使它们进行相应的变革和调整。特别是在数字图书馆这一新兴领域中，实行团队管理已经成为一种趋势。这种管理方式能够在满足个性化需求方面取得令人满意的效果。

通过团队管理，数字图书馆能够更好地满足人才本身自我实现的需求。团队环境为人才提供了展示自我、实现自我价值的舞台。在这里，人才可以获得地位、自尊、归属感、权力以及实现目标的满足感。团队管理为那些有才华、有能力的个体提供了足够的表现机会，使他们能够在适合的平台上展示自己的才华和能力。

通过团队的有效形式，个人的能量得以激发，相关的知识或能力往往能跳跃式地向前发展。团队成员之间的相互激励和协作，能够促进知识的交流和共享，从而推动个人和团队整体的进步。在面临复杂问题时，团队管理的优势更加明显。这有利于与他人在知识与认识方面的协作，有利于不同个体和整个群体克服自身的局限和认识的偏颇，从而能比较深刻地接触到真理或揭示真理。

团队管理不仅有助于个人的成长和发展，还能促进整个组织的创新和进步。通过团队合作，成员们可以相互学习、相互补充，共同克服困难，实现共同的目标。这种管理方式能够使个人在团队中找到归属感，增强团队凝聚力，从而推动整个组织向着更高的目标迈进。因此，在数字图书馆中实行团队管理，不仅能够满足个性化的服务需求，还能为人才的成长和组织的发展提供有力的支持。

三、数字图书馆实现团队管理的设想

数字图书馆面对市场经济的挑战，只有通过团队的力量与共同行动、依靠一个共同理想与愿望，才能维系个人目标与数字图书馆目标的协调统一，运用集体的智慧来提高组织的应变能力和创新能力。数字图书馆只有在人力资源上进行有效整合，取得优势，才能弥补其在人力、资金、技术、管理方式等方面的不足。

（一）设置清晰明确的团队愿景

一个团队的愿景是其成员共同奋斗的动力源泉，正是因为有了这样一个愿景的存在，原本各自独立、拥有自主权的个体才能紧密地联系在一起，相互依存，共同前进。这对于数字图书馆的长期发展和可持续性来说，是至关重要的。因此，作为数字图书馆的管理者，首要任务是设定一个清晰、明确的团队愿景，并努力使其成为全体团队成员自愿接受并积极采纳的共同愿景。这样，团队成员才能在共同的目标指引下，朝着同一个方向努力奋斗。

在团队成员努力实现这一愿景的过程中，管理者需要不断地提供绩效反馈，确保团队成员能够及时了解自己的工作进展和成果。同时，管理者还应与团队成员进行有效沟通，倾听他们的意见和建议，为他们提供及时、正确的指导和咨询。这样的互动不仅有助于增强团队成员之间的信任和协作，还能确保团队共同目标的顺利实现，从而推动数字图书馆的持续发展和进步。

（二）组织学术研究群体

数字图书馆的工作人员能够根据学术研究的具体需求，灵活地构建起各种各样的学术研究群体。例如，在学科带头人的引领下，自然形成服务于科研工作的群体；由课题组中的若干研究人员组成的各类科研群体；由对同一学科领域抱有浓厚兴趣的人们逐渐聚集而形成的各类学术沙龙群体；以及以友情为纽带组成的学术群体等。此外，他们还可以超越数字图书馆内部人员的界限，利用自身在文献信息检索和评价方面的优势，以及数字图书馆丰富的资源，积极参与到馆外的学术群体中，发挥其独特的作用。这些群体之间的协作为培养学术人才和深化学术研究提供了特殊的土壤。它们对于提升数字图书馆人员群体的整体素质和服务质量具有极其重要的意义。

（三）营造以信任为基础的团队文化

为了确保团队能够高效地运作，至关重要的是构建一种能够获得全体成员一致认同并顺利实现既定目标的团队文化，这种文化必须建立在深厚的信任基础之上。在数字图书馆这样一个团队中，我们应当努力提升团队的凝聚力，加强成员之间的沟通，改善人际关系，构建多元化的激励机制，实现价值共享，充分调动团队成员的主动性、积极性和创造性。因此，作为团队的领导者，在努力营造这种以信任为基础的团队文化时，必须深刻认识到团队中不同成员之间或不同环境之间存在的重大差异。只有尊重这些差异，并且善于利用这些差异，才能最大限度地发挥每个人的作用，有效地进行跨文化管理，从而显著提高团队的整体效率。

（四）设立工作小组或委员会

为了适应工作的多样性和复杂性，可以根据工作的性质和任务需求，成立一些固定的常设性工作小组或委员会。通过团队合作的方式，可以更有效地开展工作。根据不同的业务需求，可以设立各种专门的委员会，这样可以为馆员提供更多的参与机会，使他们能够更好地完成任务。团队的成员可以是同一部门的人员，也可以是跨部门的人员。通过团队合作，可以将不同学科背景和不同能力的人有机地结合起来，共同解决那些单凭一个人的力量无法解决的问题，例如参考咨询、信息开发、多媒体技术等。这样，团队合作不仅能够提高工作效率，还能够不断提升工作质量。例如，香港科技大学数字图书馆就成立了多个专门的委员会，如信息服务委员会、采购委员会、编目委员会、馆藏发展委员会等，这些委员会的成立大大提高了图书馆的工作效率和服务质量。

（五）建立质量改进团队

一个质量改进团队通常由6到8位成员组成，这些成员可能来自同一个部门，也可能来自不同的部门。他们包括数字图书馆员、读者代表、数字图书馆的供应者以及高校的学科专家等。这个团队的主要职责是识别和提出需要改进的业务流程，或者确定需要解决的关键问题。为了完成这些任务，团队成员会定期举行会议，在这些会议上，他们会利用自己掌握的各种工具和技能来分析和解决问题。

例如，在采访工作中，采访人员和服务部门的核心成员会共同确定书目，然后将这些书目提交给质量改进团队进行审定。通过这种方式，质量改进团队能够确保采访工作的质量得到提升。团队成员会利用他们的专业知识和经验，对书目进行详细的审查，确保所选书籍符合图书馆的收藏标准和读者的需求。通过这种合作和审查过程，图书馆能够更好地满足读者的需求，提高整体的采访质量。

第五章

图书馆阅读服务的认知

第一节　图书馆阅读服务的内涵

一、阅读服务的概念

图书馆阅读服务是指图书馆利用其丰富的馆藏资源、宽敞舒适的空间资源以及专业的人力资源，为广大社会公众提供一系列与阅读相关的服务。这些服务包括但不限于阅读推广活动服务、数字阅读服务、阅读空间的精心打造、新书推荐以及阅读指导等。这些服务旨在直接或间接地助力国民养成阅读习惯，提高全民的阅读水平。

随着信息载体形式的多样化，阅读方式、阅读内容以及阅读目的都发生了连锁反应。信息载体不再局限于传统的纸质书籍，还包括数字资源、多媒体等多种形式。阅读方式也从传统的纸质阅读逐渐扩展到移动阅读、滑频阅读、交互阅读和体验阅读等多种方式。这些多元化的阅读方式共存为读者提供了更加丰富和便捷的阅读体验。

赵俊玲在其著作中指出，虽然阅读是一种个性化体验，但是许多人片面地认为阅读是一种个体行为。她还指出，一个合格的阅读主体不仅应该具有阅读意识，还应该具有一定的阅读能力。阅读能力包括选择文献的能力、理解内容的能力、阐释能力与批判分析创新能力。阅读不仅仅是指个体、单向的行为，也是指一种双向互动的社会活动。激发国民阅读兴趣、帮助国民培养阅读习惯、提高国民阅读能力是图书馆提供阅读服务的出发点和目的。涉及阅读研究的学科十分广泛，如教育学、心理学、社会学、图书馆学等多个学科。

二、阅读服务的特点

图书馆阅读服务是图书馆利用自身资源开展与阅读相关的一系列活动的服务，以人为本的服务理念贯穿整个阅读服务。图书馆阅读服务具有以下特点。

（一）坚持以人为本

阅读服务一直坚持"以人为本"理念。随着社会发展，"人"的需求发生改变，阅读方式发生改变。图书馆阅读服务"以人为本"的理念看似不变，但一直随着"人"的需求与时俱进。传统阅读方式主要提供传统阅读服务，数字阅读方式则开展移动阅读服务等数字阅读服务，从安静阅览空间到分享交流、热闹非凡的阅读活动服务，从信息中心角色到创造、分享、休闲娱乐的第三空间转变，"以人为本"理念一直贯穿在阅读服务每一个时期当中，是与时俱进的具体表现。"以人为本"是以满足"人"的需求为出发点，根据"人"的需求变化改变图书馆阅读服务方式和服务内容，是指导实践活动的指南针。

（二）阅读资源多元化

在当今时代，图书馆的资源已经不再仅仅局限于传统的纸质书籍和文献。图书馆正致力于构建一个多元化的资源体系，以满足不同读者的需求。虽然传统的纸质资源仍然是资源中不可或缺的一部分，但图书馆资源已经扩展到各种形式的资源。

首先，数字资源的引入极大地丰富了图书馆的藏书量和信息量。通过电子书、在线期刊、数据库和电子档案等形式，读者可以随时随地获取大量的学术资料和信息。这种数字化的资源不仅方便了读者的使用，还大大提高了资源的利用率。

其次，多媒体资源的引入为图书馆增添了新的活力。通过音频、视频和互动软件等形式，图书馆能够提供更加生动和直观的学习体验。例如，读者可以通过观看历史纪录片来了解历史事件，或者通过虚拟现实技术来体验不同的文化背景。

此外，三维信息资源的开发也为图书馆的资源建设带来了新的可能性。通过三维扫描和建模技术，图书馆可以保存和展示一些珍贵的文物和艺术品，使读者能够从各个角度详细观察和研究这些物品。

最后，图书馆还积极开发和引进其他形式的资源，如虚拟实验室、在线课程和互动学习平台等。这些资源不仅丰富了图书馆的服务内容，还为读者提供了更多的学习和研究机会。

综上所述，图书馆的多元化资源不仅包括传统的纸质资源，还包括数字资源、多媒体资源、三维信息资源以及其他形式的资源。这种多元化的资源满足了不同读者的需求，也为知识的传播和学术研究提供了坚实的基础。

（三）阅读服务方式多样化

阅读服务不仅包括传统的阵地服务，还涵盖了流动服务，旨在为读者提供更加便捷和灵活的阅读体验。通过流动服务，图书馆能够将书籍和阅读资源带到读者身边，无论是在社区、学校还是偏远地区，都能让读者享受到阅读的乐趣。此外，阅读空间的打造也是阅读服务的重要组成部分，通过创造舒适、安静的阅读环境来激发读者的阅读兴趣，提高阅读效率。

数字阅读服务的兴起使得阅读变得更加便捷和高效。通过电子书、在线期刊、有声读物等数字资源，读者可以随时随地获取所需信息，满足不同场景下的阅读需求。虚拟阅读体验服务则通过虚拟现实技术，为读者提供沉浸式的阅读体验，使其仿佛身临其境，增强了阅读的趣味性和互动性。

阅读推广活动也是阅读服务的重要内容之一，通过举办各种形式的阅读推广活动，如读书会、作家讲座、阅读竞赛等，激发读者的阅读热情，提高公众的阅读素养。这些活动不仅丰富了读者的精神文化生活，还促进了知识的传播和交流。

随着社会的发展和科技的进步，阅读服务已经逐渐融入读者的生活、工作和学习等各个方面。图书馆不再仅仅是传统的书籍借阅场所，而是向集学习、休闲、娱乐、交流、创造于一体的多功能"第三空间"转型。在这个转型过程中，图书馆通过提供多样化、个性化的服务，满足不同读者的需求，成为人们生活中不可或缺的一部分。

（四）服务手段智能化

图书馆借助信息技术创新的东风，积极推动服务的智能化发展。通过引入大数据、云计算、智能感应技术、智能导航技术以及增强现实技术和虚拟现实技术、人工智能、5G 等各种新兴技术，图书馆的阅读服务得到了显著的提升。这些新技术的应用不仅提高了服务效率，还丰富了用户体验，使得图书馆的阅读服务更加智能化。

新技术的发展和创新正在引领着阅读服务的未来方向。大数据技术使图书馆能够更好地了解读者的需求，从而提供更加个性化的服务。云计算技术则为图书馆提供了强大的数据存储和处理能力，使得资源的共享和管理变得更加便捷。智能感应技术的应用，如 RFID 技术，大大提高了图书的管理效率，减少了烦琐的人工操作。智能导航技术则帮助读者更快地找到所需的书籍和资料，提升了阅读体验。

增强现实技术和虚拟现实技术的应用，为读者提供了全新的阅读体验。通过这些技术，读者可以身临其境地感受历史事件、科学现象等，极大地丰富了阅读的内涵。人工智能技术在图书馆的应用也越来越广泛，智能推荐系统、智能问答系统等，使得读者能够更加便捷地获取所需信息。5G 技术的引入则为图书馆的智能化服务提供了高速的网络支持，使得远程访问和数据传输变得更加迅速和高效。

（五）服务人员专业化

图书馆服务人员的专业化水平是提升整体服务质量与水平的关键所在，这一点在当今的图书馆管理中显得尤为重要。图书馆越来越注重其馆员的知识结构，力求实现层次化和专业化的发展。随着图书馆服务的不断深化，追求服务的专业性和深度成为其核心目标。在这一过程中，阅读服务作为图书馆服务的核心工作，其专业化和深度化的推进显得尤为关键。因此，馆员的专业素养提升成为图书馆工作中的重中之重。

为了实现这一目标，图书馆界已经开始重视对馆员的专业培训和继续教育。通过系统的培训和学习，馆员们能够不断提升自身的专业技能和知识水平，从而更好地满足读者的需求。同时，社会各界也对阅读推广人才的培养给予了高度的关注和支持。在这一背景下，图书馆界已经积极开展了一系列关于阅读推广人才培养和培训的项目，旨在通过专业化的培训，培养出更多具备高水平阅读推广能力的专业人才。这些努力不仅有助于提升图书馆的服务质量，也为广大读者提供了更加丰富和深入的阅读体验。

第二节　图书馆阅读服务发展演进

长期以来，人们是通过纸本等传统文献载体进行阅读。图书馆提供的服务都是传统模式、被动服务。20世纪初，受人们对图书馆的需求和社会发展对图书馆服务的影响，图书馆出现"开放藏书，启迪民智"的思想转变，使图书馆服务理念发生从"重藏轻用"到"以用为藏"和"以人为本"的转变。这一时期的阅读服务主要以馆藏图书资源外借、阅览为主。从古代藏书楼"藏"的主要社会职能到"开启民智"的公共文化服务设施，图书馆阅读服务处于传统服务时期。

一、传统阅读服务

（一）服务内容

图书馆传统阅读服务的主要内容是文献外借、阅览室开放以及传统阅读活动。

（1）文献外借。传统阅读服务时期的主要服务是文献外借，文献外借从闭架服务到开架借阅服务，节省读者时间，也便于读者选择图书。文献外借服务在这个时期主要有传统手工借阅、馆际互借以及流动图书馆借阅方式。

（2）阅览室开放。传统阅读服务时期图书馆空间主要作为藏书空间、流通空间和阅览空间。随着开架服务的发展，藏书空间和阅览空间逐渐合一，并且趋向于借、阅、检、询统一服务。阅览室作为图书馆传统阅读服务的实体空间，利用图书馆空间资源为读者提供服务，是阅读空间的最早体现。这个时期的阅读空间主要为读者营造安静优雅的阅读环境以及阅读氛围。

（3）传统阅读活动。图书馆从"为书找人"的角度出发，开展阅读推荐、阅读指导、交流会、培训班、图书展览等形式多样的阅读活动，不仅向广大民众宣传图书馆，让更多的人认识图书馆、了解图书馆并走进图书馆，同时也为阅读服务打开服务新视角。

（二）服务特点

传统阅读服务受到古代藏书楼和"重藏轻用"和"重管轻用"思想和现实条件的制约，图书馆服务工作常常被忽视。这个时期的阅读服务在服务理念、服务内容和服务范围方面具有特定特点。

（1）服务理念被动。传统阅读服务过程中主要围绕"书"和"馆内"开展服务，重心在"藏书"和"管书"方面，因而不能根据读者需求主动提供服务，只能等待读者走进图书馆才提供服务。虽然开展流动服务，但是并未针对读者需求提供服务，服务被动性较强。

（2）服务内容单一。传统阅读服务时期有图书借还服务、实体阅览空间服务、书目推荐、传统阅读指导、读书交流会、培训班及图书展览等阅读服务，阅读活动存在形式化，读者参与活动较少，对读者活动满意度调查回访等问题也未引起重视。

（3）服务范围局限。传统阅读服务的局限性制约读者对图书馆的认识和利用。服务局限性表现在空间距离、开放时间、管理制度方面。首先，空间距离是指读者与图书馆的距离，空间距离的远近是影响读者需求行为转变为利用行为的直接因素之一。其次，在过去很长一段时间里图书馆的开放时间与读者的工作时间基本一致，导致读者利用图书馆受到了限制。最后，这个时期对图书管理有着严格的借阅、阅览和检索制度，这些管理制度对读者进行限制，甚至有些书库不开放，导致服务存在局限性和封闭性。

二、数字阅读服务

随着信息技术的发展，社会进入到信息化、数据化时期。人们获取信息的方式和手段发生变化。图书馆资源建设出现纸质馆藏和数字馆藏"两条腿"并行的情况，因此图书馆阅读服务也不能停留于传统阅读服务层面。另外，人们对电子书、阅读 App 等数字阅读媒介的选择也促使图书馆改变阅读服务模式。此外，阅读方式也是传统阅读、互联网阅读和移动阅读共存，国民阅读方式也会改变图书馆阅读服务模式，同时数字图书馆建设提上日程，图书馆资源建设、管理、服务方式等多方面发生巨大变革。图书馆管理人员意识到阅读方式的改变，数字阅读对传统阅读的冲击，读图、滑频阅读、听书等成为人们喜爱的阅读方式。图书馆顺应时代发展，阅读服务从传统服务时期进入数字阅读服务时期。

（一）服务内容

（1）阅读导航。阅读导航是图书馆数字阅读服务的第一步，阅读导航指深层次、多角度地组织和揭示信息内容，以读者容易使用的方式展示馆藏，让用户轻松发现所需内容，即帮助读者更有效地找到所需资源。图书馆网站栏目设计和布局体现阅读导航功能，为用户发现馆藏和检索资源提供导向服务。

（2）阅读提供。阅读导航是帮助用户快速寻找资源的服务，而阅读提供则是为用户解决"如何读"的问题。传统阅读载体是纸质文献，数字阅读载体则是数字化资源，图书馆数字阅读提供在线阅读、资源下载和数字阅读器借阅等服务。

（3）阅读互动。图书馆阅读互动服务是指读者参与到图书馆开展的活动中，实现读者与图书馆员、读者与读者之间互动交流。图书馆论坛是读者与图书馆员进行交流、评书荐书的平台，论坛是一种随意性较强的虚拟空间，读者可以自由地在论坛上发表自己的想法和建议，而图书馆员则需要做好管理和引导工作，保障论坛"杂而不乱"，为读者创建一个良好的阅读交流空间。

（4）移动阅读服务。移动阅读方式兴起给图书馆的发展带来新机遇和挑战。移动阅读服务是指图书馆针对移动终端推出数字图书馆 App 软件或者数字阅读平台，读者在移动终端上可以利用图书馆资源，了解图书馆动态等。移动阅读服务具有移动性与即时性。数字阅读平台在资源整合和共享方面具有优势。虽然目前国内数字阅读平台建设面临很多问题，但是上海市民数字阅读平台和南京图书馆移动阅读平台的典型案例为数字阅读平台建设提供了借鉴经验。即使目前国内图书馆数字阅读平台服务无法像国外一样拥有成熟的电子书平台——OverDrive，但是通过元数据整合，数字阅读平台一样可以满足用户的阅读需求。

（5）"微"服务。"微"服务是指图书馆利用"微博"和"微信"平台提供阅读服务。"微"服务不仅在宣传推广图书馆方面具有优势，在与读者互动、提供咨询服务方面也具有优势。"微服务"是数字阅读推广活动宣传的有效方式，结合线上线下宣传，引导更多读者学会阅读、利用图书馆资源学习，提升个人素养和能力。

（6）数字阅读推广活动。图书馆数字阅读推广是利用网络平台提供阅读活动服务，解决了传统阅读服务时期服务受众、服务时间受限的问题，使不能到馆的读者可以通过数字阅读推广活动享受图书馆阅读服务。数字阅读推广活动已经由"网络书香"主题活动发展到了视频、讲座、征文比赛、信息检索等内容丰富的服务。

（二）数字阅读服务特点

1.服务模式主动化

在数字阅读服务时代，图书馆的服务模式正在经历一场由被动向主动的深刻转变。图书馆不再仅仅等待读者走进图书馆，而是积极地通过各种渠道向读者推送信息，提供主动服务。这种转变的背后是图书馆对读者阅读方式变化的深刻理解和积极应对。

随着数字技术的发展，读者的阅读方式发生了巨大的变化。越来越多的人开始通过电子设备进行阅读，传统的纸质书籍逐渐被电子书、有声书等数字资源所取代。为了适应这种变化，图书馆开始调整其资源建设的类型和内容，从传统的纸质资源向数字资源转变。这一转变不仅是资源形式的变化，更是图书馆服务理念的革新。

图书馆通过系统化、特色化的资源建设，为数字阅读服务奠定了坚实的资源基础。系统化意味着图书馆在资源建设过程中注重资源的完整性和系统性，确保读者能够在一个平台上找到所需的各种类型的资源。特色化则强调图书馆在资源建设中注重特色和个性化，根据本馆的定位和读者的需求，选择和建设具有特色的资源。

为了更好地推广这些资源，图书馆积极利用各种新媒介，如网络媒体、新媒体等，向读者推送相关信息。这些新媒介具有传播速度快、覆盖面广、互动性强等特点，能够有效地将图书馆的资源和服务信息传递给更多的读者。通过这些新媒介，图书馆不仅能够推送传统的书籍信息，还能够推送电子书、有声书、在线课程等各种数字资源的信息。

2. 服务方式多样化

图书馆积极利用互联网和新媒体技术，拓展和创新阅读服务方式，以满足现代读者的需求。例如，图书馆提供电子阅读器的外借服务，让读者可以随时随地享受电子书的便利。此外，图书馆还整合了丰富的数字阅读 App 资源，使读者能够通过手机或平板电脑轻松访问各种电子书籍和期刊。为了进一步方便读者，图书馆还推出了扫码阅读服务，读者只需扫描二维码，即可快速获取所需的阅读材料。

图书馆还致力于整合各类阅读平台资源，打破信息孤岛，使读者能够在一个平台上获取到更多元化的阅读内容。通过这些资源整合，读者可以更方便地找到自己感兴趣的书籍和资料，提高阅读效率。

为了进一步推广数字阅读，图书馆还定期举办各种数字阅读推广活动，如线上阅读分享会、电子书推荐、阅读挑战赛等。这些活动不仅丰富了读者的阅读体验，还激发了他们的阅读兴趣，让更多人参与到数字阅读的行列中来。

在提供多样化数字阅读服务的同时，图书馆还不断应用新技术，以提高服务效率和质量。例如，通过大数据分析，图书馆能够更好地了解读者的阅读偏好，从而提供更加个性化的阅读推荐。此外，图书馆还利用人工智能技术，开发智能问答系统，帮助读者快速解决阅读过程中遇到的问题，提高读者的满意度。

3. 服务平台在线化

在数字阅读服务时代，所谓的"在线"意味着在各种网络平台上开展相关的服务工作。这一时期，数字阅读服务已经从传统的实体空间逐渐转移到了网络空间。随着阅读资源的数字化进程不断推进，图书馆的服务空间得到了极大的拓展和延伸。过去，图书馆的服务主要集中在接待进馆的读者，而现在，通过互联网、新媒体以及其他多种方式，图书馆能够将服务范围扩展到馆外的广大读者群体。

这种转变不仅极大地扩大了图书馆服务的受众范围，还为潜在读者提供了更多成为现实读者的机会。通过网络平台，图书馆能够更加便捷地与读者建立联系，缩短彼此之间的距离。此外，通过提供丰富的数字资源和便捷的在线服务，图书馆能够吸引更多的读者走进实体图书馆，充分利用图书馆的各种资源。这样一来，图书馆不仅能够更好地实现其社会价值，还能进一步提升其在现代社会中的地位和影响力。

三、智能阅读服务

随着智慧城市的建设与发展，智慧图书馆研究与实践也提上了建设日程，图书馆阅读服务迎来新的时期 —— 智能阅读服务时期。大数据、数据挖掘技术、物联网技术、情景化技术、RFID 技术、3D/AR/VR 技术、人工智能等技术的成熟与广泛应用为图书馆带来新机遇。新技术应用目的是提高服务质量和满足用户需求，并非以"技术至上"作为目标。智慧图书馆建设不仅需要人工智能技术的支撑，更需要智慧图书馆员。智慧馆员是智慧服务、智能服务的核心，技术是辅助手段。

（一）服务内容

1.智能机器人

随着智能科技的不断发展和完善，智能机器人在智慧图书馆建设中的应用变得越来越重要。特别是在阅读服务领域，图书馆智能机器人的引入极大地提升了服务质量和效率。这些智能机器人配备了先进的交互系统和语音系统，能够与读者进行自然流畅的交流。它们不仅能够帮助读者快速定位所需的图书，还能提供智能导航服务，指引出最便捷的取书路线，从而为读者带来一种全新的阅读体验。

此外，智能机器人在节省读者查找资源的时间方面也发挥了重要作用。它们能够迅速响应读者的需求，提供精确的图书位置信息，从而大大提高了服务效率。不仅如此，智能机器人还能够提供多样化的增值服务，例如读报服务、读书分享以及展示其他读者的读书感悟等。这些服务不仅丰富了读者的阅读体验，还促进了读者之间的互动和交流，使得图书馆成为一个充满活力和智慧的学习空间。

2. 虚拟阅读体验

虚拟现实技术（VR）已经被广泛应用于提升读者的阅读体验。通过佩戴各种穿戴式设备，读者可以进入一个虚拟的场景，从而享受到身临其境的阅读体验服务。这种服务不仅仅局限于传统的阅读方式，还包括了虚拟与检索、虚拟与查询等多种形式的结合。例如，虚拟阅读体验可以让读者在阅读过程中更加轻松和愉快。通过虚拟现实技术，读者可以沉浸在书中的世界里，仿佛置身于故事发生的场景之中。这种沉浸式体验不仅增强了阅读的趣味性，还提高了读者的理解和记忆能力。

现实增强技术（AR）也带来阅读新体验，通过扫描二维码，就可以体验到不同于传统方式的阅读乐趣。如武汉市档案馆联合武汉广播电视台、武汉市文化与旅游局共同出版了全国首部非遗口述 AR 影像图书——《了不起的非遗》，通过 AR 技术让阅读与视听完美结合，读者在阅读文本的同时，通过扫码便能观看相关高清视频，将珍贵的非遗口述和影像档案连续呈现。

3. 品牌阅读活动

在智能阅读服务时代，阅读推广活动的开展已经进入了一个全新的阶段。这一时期的推广活动致力于打造具有品牌效应的阅读推广活动，通过精心策划和设计，形成了一系列具有特定目标人群、独特活动名称、鲜明活动标识、详细活动方案以及全面活动宣传的品牌化阅读推广活动。这些品牌活动不仅具有鲜明的个性和辨识度，而且在推广过程中注重深度挖掘阅读的内在价值，力求在专业领域内进行深入研究和探讨。

此外，这个时期的阅读推广活动还特别注重活动的分级细化，针对不同年龄、职业、兴趣爱好的群体开展丰富多彩的活动，以满足更多人的阅读需求。服务的辐射面非常广泛，不仅覆盖了传统的图书馆、学校等阅读场所，还扩展到了线上平台、社区中心、企业单位等更多领域。通过这些精心设计的品牌化阅读推广活动，不仅能够吸引更多人参与到阅读中来，还能够有效提升公众的阅读兴趣和文化素养，进一步推动全民阅读的普及和发展。

4. 城市公共阅读空间

城市公共阅读空间，作为图书馆服务的延伸，成功地打通了"最后一公里"的阅读服务。这些空间采用了自助和智能化的管理模式，为公众提供了便捷的自助办证、自助借还等服务。在设计上，这些空间充分考虑了绿色、智能、便民以及地域文化等多方面因素。它们不仅在地理位置上方便了市民，还融入了具有地域特色的文化元素，使得这些空间不仅是阅读的场所，更是城市文化的展示窗口。

从绿色角度来看，这些公共阅读空间采用了环保材料和节能设备，努力减少对环境的影响。在智能化方面，通过高科技手段，如自助借还机、智能检索系统等，大大提高了服务效率，减少了人工干预，使得读者能够更加便捷地获取所需资源。便民性体现在空间的选址和布局上，它们通常位于人流密集的区域，如社区中心、商业街区等，方便市民在日常生活中顺路访问。

此外，城市公共阅读空间还注重地域文化的融入，通过装饰、展览、活动等形式，展示本地的历史、艺术和传统，让读者在阅读的同时，也能感受到浓郁的地域文化氛围。这种设计不仅提升了空间的文化品位，也让市民在享受阅读服务的同时，更加了解和热爱自己的城市。

亲民、便民的服务方式使得更多的市民能够轻松享受到图书馆的阅读服务。无论是学生、上班族还是退休老人，都可以在这些公共阅读空间找到适合自己的阅读资源和舒适的阅读环境。通过这些空间，图书馆的服务不再局限于传统的馆内阅读，而是延伸到了城市的每一个角落，真正实现了全民阅读的目标。

（二）服务特点

1. 服务场所泛在化

随着科技的不断进步，智能阅读服务场所已经不再局限于传统的图书馆内部。如今，城市公共阅读空间的打造以及人工智能技术的广泛应用使得图书馆的阅读服务已经深入到读者日常生活的每一个角落。无论是 24 小时自助图书馆、城市书房，还是地铁图书馆等各种创新服务形式，都在弥补传统图书馆阵地服务的不足之处。这些新型服务形式不仅为读者提供了更加便捷和灵活的阅读体验，还大大拉近了人们与图书馆、与阅读之间的距离，使得阅读变得更加轻松和愉悦。

2. 服务融入高新科技

随着科技的不断进步，越来越多的阅读服务应用技术被广泛采用，这些新技术的应用使得服务更加高效、智能化和人性化。例如，3D 技术、虚拟现实技术、智能定位和物联网、人工智能等前沿技术的引入，极大地提升了阅读服务的体验和便捷性。然而，这些新技术的应用也对馆员的专业技能提出了更高的要求。馆员们需要不断学习和掌握这些新技术，以确保能够充分利用它们来提升服务质量。因此，馆员的知识素养和专业技能需要不断提升，以适应这些新技术带来的挑战和机遇。只有这样，馆员们才能更好地服务于读者，满足他们的多样化需求，推动阅读服务的持续发展。

3. 服务推送智能化

在当今信息时代，大数据、数据挖掘和用户画像等新兴技术的应用为图书馆实现智能化推送提供了强有力的技术支撑。通过这些先进技术，图书馆能够对读者的阅读信息和行为进行深入分析和统计。具体来说，图书馆借阅系统和读者信息管理系统可以收集和处理大量的读者数据，从而对每一位用户的阅读行为进行细致的标签化处理。这些标签化处理的结果形成了读者的用户"画像"，使得图书馆能够更准确地了解每位读者的阅读习惯和兴趣爱好。

基于这些用户画像，图书馆可以实现精准化和个性化的推送服务。例如，图书馆可以根据读者的阅读兴趣和习惯，向他们推荐相关的书籍、期刊、文章等阅读资源。这种推送服务不仅限于线上，还可以扩展到线下，如馆内活动、馆藏结构和馆内导航等方面。通过定位系统，图书馆能够实时了解读者在馆内的位置，进而根据他们的具体位置推送相关的馆内信息。这样，读者可以随时了解馆内的最新动态，及时参与到他们感兴趣的各类活动和资源中去。

4. 阅读推广品牌化

在智能阅读服务时代，提供优质化的阅读服务已经成为图书馆的重要任务。阅读推广活动的品牌化已经成为图书馆阅读服务的主流形式。为了更好地满足读者的需求，图书馆需要针对目标人群策划具有品牌特色的阅读推广活动，这已经成为图书馆界的共识。为了实现这一目标，阅读推广的品牌化离不开专业的人才培养。因此，培养高素质的阅读推广人才已经成为图书馆服务工作的重中之重。只有通过专业的人才培养，才能更好地策划和实施具有品牌特色的阅读推广活动，从而提升图书馆的服务质量和读者的阅读体验。

第三节　图书馆阅读服务持续发展的策略

一、改善公共图书馆阅读环境

（一）改善馆舍环境

在空间布局上，要让读者有开阔的视野，当他们进入馆内，可以对所藏图书一览无余。这就需要采用藏、借、阅一体的空间布局，建筑设计上采用大开间的布局，开放性的模式首先给读者带来视觉上的冲击。所有的文献资料都全天候开架阅览，使读者更加全面、立体地置身于书海中。传统的封闭模式有高大的墙壁阻隔，查找多个文献资料还需要穿梭于各个不同分类的借阅室中。同时，这种传统的模式对于员工数量上有更高的要求，不能优化配置馆员。而这种开放式的布局则不仅使读者视野开阔，为读者带来便利，还能提高图书馆员的工作效率，形成管理开明的高度开放局面。

在条件允许的情况下，公共图书馆建筑方面可以兼顾艺术与实用。在建筑外观上，设计要更加美观，以达到吸引读者的功用。在室内设计上，公共图书馆可以使用明亮颜色的壁纸与地板，书架、桌椅美观、大方，使馆内读者轻松、愉悦，以激发读者的阅读热情。公共图书馆内外环境应宁静优雅、温馨惬意。重视馆内外的美化及绿化工作，为馆内读者创造良好的阅读氛围。

（二）提供无障碍阅读

公共图书馆的设计人员在进行建筑设计时，必须具备无障碍设计理念，充分考虑到残疾读者的特殊需求。他们需要站在残疾读者的角度，设身处地地思考，以便更好地满足这些读者的个人需求。设计的目标是确保每一项设施都能真正地为残疾读者所用，从而提升他们的阅读体验。

为了实现这一目标，设计师需要在图书馆中建立专门的轮椅通道，确保这些通道宽敞且无障碍，方便轮椅使用者自由通行。此外，图书馆内应设置特殊的触摸符号，如盲文标识和触觉导向系统，以便视力障碍者能够轻松地找到他们需要的区域。专用厕所也是必不可少的，这些厕所应配备适合残疾人士使用的设施，如扶手和无障碍门。

在安全方面，设计师需要特别关注残疾读者的逃生需求。图书馆应配备适合残疾人士使用的紧急逃生设施，如无障碍疏散通道和专用的安全出口。这些设施应确保在紧急情况下，残疾读者能够迅速且安全地撤离。

此外，图书馆的功能区划分应明确且合理。设计师需要根据残疾读者的个人需求，尽量避免各功能区之间的相互交错，以免给残疾读者的阅读活动带来不必要的负担。例如，阅览区、休息区、活动区等应有明确的界线，且彼此之间应保持适当的距离，以确保残疾读者在使用图书馆时能够轻松自如地移动。

在内部空间的设计上，要具有全面性。设计人员要充分考虑未来的发展趋势，以便日后的翻新及改造。同时无障碍设计要具有前瞻性，能够在相当长的时间内为残疾人读者提供服务，满足用户的需求，以减少对资源的浪费。要固定时间清洁及维护残疾人专用设施，以保证设施可以正常使用；设有专人负责清理通道处的杂物，以免妨碍残疾人读者的出入；对于垃圾要及时清理，以免影响残疾人读者的正常活动；对残疾人读者要采取优先策略；为方便残疾人读者的借阅活动，应为其提供推车等工具；针对占用残疾人专用设施的普通读者，进行提醒及劝阻。

（三）提高馆员素质

公共图书馆的馆员素质也是影响公共图书馆环境的重要因素之一，优质的服务可以为公共图书馆创造一个良好的阅读环境，一个轻松愉悦的阅读氛围。因此，提高馆员的素质相当重要。首先，图书馆要积极组织对馆员的培训工作，使其在业务水平以及个人素质上都能有一定程度的提高。其次，实行奖惩措施。使馆员具有一定的紧迫感，从而激发馆员的工作热情，使其更加尽心尽力地为读者服务。最后，要培养馆员的服务意识，贯彻落实无障碍服务观念，优化针对残疾人的服务措施。全心全意为读者解决在借阅过程中遇到的各种困难。

在当今社会，数字化阅读正逐渐成为一种流行趋势，越来越多的人开始倾向于通过电子设备进行阅读。这种现象不仅吸引了广泛的读者群体，也使数字化阅读本身受到了广泛的关注和重视。为了适应这一趋势，公共图书馆必须引进具备双重技能的专业人才，这些人才不仅要精通计算机技术，还要对图书馆学有深入的了解和研究。只有这样，他们才能在数字化阅读的浪潮中发挥关键作用，为读者提供更高效、更便捷的服务。

与此同时，公共图书馆还需要加紧对现有馆员的知识结构进行调整和优化，以确保他们能够跟上时代发展的步伐。这不仅涉及对新技术的掌握，还包括对新兴阅读方式的理解和应用。为了实现这一目标，公共图书馆应当定期组织馆员进行计算机知识的学习和培训，使他们能够熟练地运用各种数字化工具和平台，从而更好地服务于读者。

二、开展阅读推广活动

（一）主题阅读

我国公共图书馆并不受普通大众的追捧，在图书馆建设与服务各方面尚不够完善，另外，对公共图书馆的宣传工作不到位，这些都制约着阅读推广活动的开展。其中，主题阅读是公共图书馆阅读推广活动的重要手段。主题阅读活动是阅读推广活动的一个重要举措，它对于阅读推广活动的顺利开展起着至关重要的作用。

首先，公共图书馆应抓住社会热点，了解大众的兴趣点，相应地开展阅读活动，提高读者参与的热情。举办针对热点问题的主题征文及竞猜活动，为优胜者提供奖品，从而吸引更多的读者参与其中。比如为促进公民的思想道德建设，开展"公民道德实施纲要"读书专题活动。通过举办这样的活动，不仅增长了读者的知识，还宣传了图书馆的功能，取得了很好的社会效益。公共图书馆要抓住社会热点，激发国民阅读的热情，开展不同主题的读书活动。

其次，公共图书馆可以利用节日举行主题活动。利用"世界读书日""全民读书月"等特殊的读书节日，进行主题阅读活动，以宣传推广图书馆。这些读书节日与公共图书馆起到相辅相成的作用，一方面，读书日对公共图书馆起到了宣传推广作用，激发了国民的读书热情；另一方面，公共图书馆也使这些节日变得更有意义，使越来越多的读者参与其中。比如唐山市图书馆就举行了一系列的主题活动，该图书馆使用传统媒介与新型媒介相结合的方式，对主题活动进行宣传推广。大众通过主题活动对公共图书馆进行了重新定位，拉近了彼此的距离，更是在一定程度上对国民阅读进行了引导，吸引市民充分利用图书馆，以形成全社会的阅读氛围。

（二）读者俱乐部

设立读者俱乐部，作为公共图书馆推广阅读活动的重要手段，不仅具有显著的公益性和服务性，而且在很大程度上能够吸引更多的读者积极参与其中。通过这种方式，越来越多的人将会更加充分地利用公共图书馆的资源，从而进一步提升公共图书馆的使用率。同时，读者俱乐部的存在也会吸引更多的人主动走进公共图书馆，增加人们对图书馆的了解和兴趣。

俱乐部的活动氛围通常较为轻松愉快，读者可以在这样的环境中自由地交流思想，共同讨论与阅读相关的各种事项。通过积极地听取来自各方的意见和建议，俱乐部能够更好地了解读者的需求和期望，从而有针对性地确定活动的主题和内容。这样的互动不仅有助于增强读者之间的联系，还能进一步提升公共图书馆的服务质量和读者的满意度。

读者俱乐部可以拉近读者之间的距离，使读者之间更加亲近，便于彼此的沟通学习。根据不同的标准分类，俱乐部成立不同的部门机构，以更好地聚集同一标准的读者，他们组成联盟，更有针对性地进行活动。这种服务形式具有显著优势。一方面，它是以共同的兴趣爱好为单位，组成各个不同的部门，它的分类标准较为鲜明。会员之间交流频繁，联系较为紧密，使活动可以高效率开展。另一方面，由于活动氛围较为轻松愉快，每次制定活动主题时都可以相互商讨来拟定，不存在一家独大的现象，迎合多数人的趣味，充分体现了民主原则，能激发读者阅读热情。

（三）名家讲座

名家讲座的形式得到了原国家图书馆馆长詹福瑞的充分肯定。他认为，在科学技术高速发展的今天，人们对知识文化的需求越来越大。名家讲座的阅读推广模式可以为人们获取专业知识、提升自我修养提供更多的可能性。这种模式逐渐成为公共图书馆进行阅读推广活动的主要方式，正逐渐改变公共图书馆被动的状态，并在发展过程中去糟取精，日趋完善。

公共图书馆的名家讲座活动是阅读推广活动重要的途径之一，是各个公共图书馆的热门选择。比如，长春市图书馆就开展了一系列的名家讲座活动，吸引了一大批读者前去参加。其中包括"国学大讲堂""时尚话题""健康驿站"等一系列大众关心、关注的话题，具有一定的实用性，受到大众的竞相追捧，一时间成为人们津津乐道的话题。淮安市图书馆则立足于高质量讲座，举办"城市教室"等活动，在社会上产生了广泛的影响，越来越多的市民选择在周末去听讲座，而不是进行其他的娱乐活动，这就在一定程度上对公共图书馆起到推广作用，吸引了大量读者。

名家讲座是重要的阅读推广形式。主要原因在于：第一，名家讲座具有公益性。它涉及的读者范围较为广泛，它的免费性为各个阶层、各文化程度的读者所接受。第二，讲座的老师通常具有一定的威望，实力不容小觑，具有较高的影响力。这个特性足够吸引更多的读者参与。第三，名家讲座的内容也多是公众较为感兴趣的，与人们的学习、生活等息息相关，这也是它能吸引人们参与的重要原因。第四，讲座定期举办。提前公布每期的主题，使读者有所准备。

名家讲座模式，一方面使公共图书馆主动走进读者，拉近与读者的距离，能使读者真正认识公共图书馆；另一方面也吸引人们主动走进公共图书馆进行阅读，加强了图书馆与读者的联系，成为连接二者的纽带。同时，名人效应发挥重大效力，对读者的阅读活动有一定的指导作用，这一模式逐渐成为公共图书馆优先选择的阅读推广方式。

（四）阅读竞赛

公共图书馆积极发起并号召广大读者踊跃参与一场别开生面的阅读竞赛活动。在这项竞赛中，参赛者通过展示自己的阅读成果，不仅能够获得来自图书馆的肯定和奖励，还能进一步激发他们对阅读的热爱和兴趣。与此同时，各个赞助商家也与图书馆保持着紧密的合作关系，共同推动这一活动的顺利进行。

在比赛的宣传和广告语中，图书馆会特别强调并广泛宣传这些赞助商家，从而显著提高他们的品牌曝光度和市场认知度。通过这种合作方式，赞助商家不仅能够展示其对文化事业的支持，还能在潜在客户中树立良好的企业形象，从而在一定程度上获得更多的商业利益。

此外，公共图书馆通过举办这样的阅读竞赛活动，不仅能够提升自身的社会影响力和文化氛围，还能吸引更多读者走进图书馆，享受阅读的乐趣，从而进一步推动全民阅读的普及和发展。参与者个人也能从中受益，不仅丰富了自己的知识储备，还提升了个人的阅读能力和理解力，为自己的成长和发展打下坚实的基础。

综上所述，阅读竞赛活动不仅能够激发读者的阅读热情，吸引更多人参与到公共图书馆的阅读活动中来，还能在广告商、公共图书馆以及参与者个人之间形成一种互利共赢的局面，共同推动社会文化事业的繁荣和发展。

三、完善公共图书馆数字阅读服务

（一）加快数字阅读服务进程

面对迅猛发展的信息技术和国民阅读的"数字化"，公共图书馆应制定相应的措施，以顺应时代的发展趋势。首先，要制定数字化建设方案。图书馆主管部门应当根据读者阅读需求的变化，着眼于图书馆数字化建设的长远规划，数字图书馆要有合理的目标建设，科学的目标可以使图书馆数字化建设顺利实施。其次，要坚持技术创新，努力研发数字化应用软件。应用软件的研发，在注重科学技术水平的同时，还需要着重考虑读者需求，要实现实用性最优。在信息化建设的今天，计算机网络、通信设备等科学技术的飞速发展使图书馆数字化建设成为现实。数字化图书馆在建设过程中要选择合适的网络传输系统，如移动、联通、电信等相对独立且封闭的传输系统就非常适合数字化资源平台的搭建。应在尽可能提高网络速度的同时，采取多元化的网络传播方式，以促进数字资源的传播，从而加快数字图书馆资源共享的步伐。

（二）完善网络阅读导读服务

网络在线阅读是当今国民选择的主要数字化阅读方式。网络上丰富的资源能够满足读者不断扩大的阅读需求，使读者的阅读空间增大，拉近读者之间的距离。然而，任何事物都具有两面性，网络在线阅读方式当然也不例外。正因为其信息资源极其丰富，所以读者在选择上就存在一定的困难。信息资源良莠不齐，读者不能准确分辨，这就需要公共图书馆在这方面进行引导，提供网络导读服务。例如澳大利亚成年人文学委员会在这方面工作就很突出，他们在网站上发布有关电子新闻、新书快报、畅销书排行榜以及不同领域的特色文献等相关信息并建立相关链接，从而引起大众关注，以增加网络的阅读量。

公共图书馆可以从中借鉴经验教训，具体操作如下。

（1）丰富完善网络在线阅读服务，正确引导读者。首先，详细介绍馆藏资源，标明可用资源；其次，加强数字资源建设，将随时收集整理的文献资源存储备用，优化其性能。

（2）首页导航页面要根据实际需求及时更新，各个导航要详细描述各结构的内容特色、使用规范等。

（三）优化移动阅读服务

在当今社会，随着科技的迅猛发展，国民阅读方式逐渐向数字化转型。面对这一趋势，公共图书馆必须重视并积极拓展移动阅读服务。首先，公共图书馆应当整合各类阅读资源，构建一个全面的阅读服务云平台。在这个平台上，读者可以轻松访问和享受各种数字化阅读材料，包括但不限于网络文学、电子图书、在线报纸、电子杂志、各类文章、漫画、图片、有声读物、音乐以及视频等。通过这样的云平台，公共图书馆能够更加智能和个性化地向读者推荐符合其阅读兴趣和需求的内容。

其次，公共图书馆应根据读者的具体阅读需求，积极开发和推广新的阅读应用程序。这些应用程序应当能够真正解决用户在浩瀚如海的信息世界中面临的阅读难题，提供更加精准和高效的阅读体验。数字图书馆不仅要以馆藏的文献信息资源为核心，还要注重不同文献内容之间的内在联系，从而为读者提供更加丰富和多元化的阅读选择。

最后，公共图书馆还应在应用中融入社交功能，形成一个互动的社交关系链。通过这种方式，读者之间可以相互交流和分享阅读心得，内容之间可以相互关联和推荐，公共图书馆与读者之间也可以建立更加紧密的联系。这样的互动机制有助于形成一个良好的阅读生态，吸引更多的人投身于阅读的海洋，选择公共图书馆作为他们获取知识和文化娱乐的重要场所。通过这些措施，公共图书馆不仅能够满足读者对便捷阅读的需求，还能进一步提升其在数字化时代的影响力和吸引力。

四、建立基层图书馆阅读服务体系

（一）社区图书馆

为了吸引更多的读者，拉近读者与图书馆的关系，创造良好的阅读环境，在各个社区建立社区图书馆是其中一个最行之有效的对策。这种图书馆为广大社区居民就近阅读提供了便利，吸引读者进行阅读。目前我国的社区图书馆的建设尚不成熟，距离形成完善的服务体系还有很长的路要走，此类图书馆的建设在我国尚处于起步阶段。而国外的社区图书馆却历史悠久，有许多成功经验可以汲取。社区图书馆面对不同的读者提供具有针对性的服务。各个公共图书馆应该建立市级图书馆同社区图书馆相结合的模式，一方面使公共图书馆与读者之间的联系更加紧密，另一方面为社区读者阅读提供方便。在社区图书馆建设方面，深圳市图书馆取得的成绩较为显著，它以市、区、街道、社区为核心，设立公共图书馆服务体系，不仅拓宽了图书馆的服务范围，增大了服务对象的覆盖面，也扩大了公共图书馆的读者群体。

社区图书馆的建立，使图书进入社区居民的生活，使图书馆的服务真正地深入读者身边，让读者深切地感受阅读活动的便利。安阳市图书馆作为社区图书馆的成功范例，有许多经验值得借鉴，该馆联合民政局等其他单位，在多个社区组建了社区图书馆，为社区居民阅读带来福音。为满足国民的阅读需求，扩大读者队伍，各个公共图书馆积极创建社区图书馆、为社区图书馆捐献图书、捐建"爱心图书馆"等。社区图书馆之间加强沟通与交流，使彼此之间联系更加紧密，同时向居民免费提供各方面的服务。公共图书馆与社区联合，为想要在社区内设立图书馆的计划提供帮助，抽调一部分人员进行组织建设。在此基础上，公共图书馆还重视培养社区图书馆的管理人员，提高其管理水平，同时利用资源优势，提供技术及资金支持，以更好地加强社区图书馆建设。

社区图书馆深入城市社区，主动出现在读者身边，这本身对读者的阅读活动就是极大的鼓励。社区图书馆不仅使社区居民的生活变得更加丰富多彩，还可以促进居民之间的文化交流，同时在一定程度上提高了社区居民的素质，对社区和谐起着积极的作用。

（二）农村图书馆

在城市文化生活日益丰富的同时，我国偏远地区的文化基础设施仍非常落后，同城市的文化基础设施有较大的差距，具体表现在公共文化产品的极端缺乏。公共图书馆作为其中的重要服务单位，发展状况自然不佳，许多农村缺少图书馆。农民缺少可以阅读的图书，没有可以选择的图书馆。而公共图书馆体现的精神是公平、公正、平等和开放。建立农村图书馆、满足农民的阅读需求是当前亟待解决的问题。由于地域的局限性，农民读者的阅读活动在很大程度上会受到阻碍，这是公共图书馆阅读服务中薄弱的一环。在我国这个农民人口众多的国家，我国公共图书馆要正视这个问题，逐渐重视农村的阅读服务，加快农村图书馆的建设进程。

广袤的农村地区缺少真正意义上的图书馆，数量众多的农村读者应该与城市居民一样同等地享有公共图书馆所提供的服务。新农村的发展需要人民素质的提高以及对科学文化的汲取。农村图书馆的建设，不仅从整体上提升了国民阅读水平，也在一定程度上缓解了城乡文化权利不均等的矛盾。

由于基础设施薄弱、地方财政投入不足、农民文化水平较低，欠发达地区的广大农村可以先建设本村的农村图书馆，以基本满足当地群众文化需求。公共图书馆应充分利用自身资源，积极投身到农村图书馆的建设中，发展壮大农村图书馆，同时，要了解农村读者的阅读兴趣，提供适合的、有针对性的图书，从而使阅读活动正面地影响农民读者。比如，通过阅读有关养殖牲畜、种植农作物等方面的图书而得到的知识，使农民提高收益，这就会使他们更有热情进行阅读。当然，农村图书馆的建设在人员与财力上需要很大的支持，而公共图书馆的能力是有限的。这就需要政府在财政和政策上的支持，而社会捐赠也是公共图书馆获得资金的重要方式。同时，要根据农民的具体特点，提供相关文献资源，传播农业知识，提供针对性的服务，从根本上加强公共图书馆的阅读服务，从而真正做到提升国民阅读水平。

（三）流动图书馆

通常认为，流动图书馆是利用运输工具，定期给读者送去图书，进而开展借阅工作、举办阅读活动的流动形式的图书馆。流动图书馆的形式有多种，其中包括为读者上门送图书、在较为闭塞的地方建造图书流动站，或者利用交通工具定期为居民运送图书。流动图书馆可以选择使用交通工具如大型的汽车，或者选择在某地点设立固定的图书借阅处，这些都是流动图书馆可以选择的方式。这种流动的服务方式涉及的地域较广，人群具有多样性，充分体现了公共图书馆平等、开放的精神。流动图书馆的设立给国民提供了主动进入图书馆阅读的途径，在时间、空间上给予读者便利。在这个流动图书馆中，不同身份角色的阅读主体都可以找到自己喜欢或需要的书籍来阅读，这种形式让图书主动走入人们的生活中，使阅读成为国民的一种习惯，一种生活方式。

流动图书馆的设立，有许多经验教训可以汲取。首先，要对图书进行标准化分类，提升管理人员的管理水平。其次，要加强自动化建设，以节省人力、物力，提高工作效率，为读者阅读提供便利。提升图书馆的数字化水平，提升服务的质量。在这方面可以借鉴广东流动图书馆的模式。它的自动化管理系统能够对各分馆业务进行自动化管理，实现相关业务管理系统的现代化。流动站点可以作为所属图书馆的一个书库，公共图书馆进行相关权限的设置，使资源进行共享。

在服务管理方面，公共图书馆要根据各个流动图书馆面向的读者的特点以及他们的生活作息习惯，来确定各流动图书馆的服务时间。在对流动图书馆的设置中，要有完善的借阅制度等来保证流动图书馆的功能得到最大限度发挥，优势得到最大限度运用。工作人员的责任要明确，做好属于个人岗位的工作。对每个流动站点来说，公共图书馆与各个站点之间要明确责任义务。公共图书馆、流动图书馆以及图书馆员都要对各个环节认真负责，防止图书馆的流动图书流失。同时，公共图书馆要对馆内的文献资源进行归纳整理，从中精心挑选出一部分图书建立流动书库，供读者挑选借阅。这些挑选出的图书要迎合读者的需要，要定期有计划地组织图书馆的人员进行调查研究，然后根据调查结果外购一些受欢迎的图书种类，以吸引更多的读者。在流动图书馆营运期间，定期与所属图书馆或者其他流动图书馆交换书籍，不仅可以节约资源、丰富流动图书馆图书资源，也可以使图书流动起来发挥其最大的作用。

在场地选择上，公共图书馆既可以选择偏远农村、城市社区，也可以选择人口聚集的公园、广场等地方。在这些地方设立流动站点，以公共图书馆为后盾，提供人力、物力的支持。当然，也可以同其他单位、部门共同协作，以便更好地为读者提供服务。还可以在医院、公交站、火车站等地方设立流动图书站点，这些场所人流量较大，人们等待的时间较长，流动图书馆的出现不仅可以使人们打发无聊时间，同时能提高他们的阅读热情。国民的阅读习惯是可以渐渐养成的，国民阅读的兴趣也是可以培养的，流动图书馆正是利用它的流动性与便捷性，时刻督促国民进行阅读，激发国民的阅读兴趣，从而为国民阅读创造良好的氛围。

图书馆的立体服务管理模式创新

第一节　泛在知识环境下图书馆立体服务模式概述

要研究图书馆立体服务模式，必然应先对立体服务及其模式进行界定，图书馆服务的优劣主要从是否真正满足用户需求的角度来判定，信息服务及其模式就是主要的研究方向。这里将从管理的角度和服务模式立体交叉相生相长的角度进行阐述。

一、泛在知识环境下图书馆立体服务模式的概念

图书馆信息服务是图书馆根据用户的信息需求，广泛收集各种相关信息并对信息内容进行整序、分析、综合处理后，以一定的技术手段和方式提供给用户，满足用户信息需求的一种活动。泛在知识环境下的信息服务主要指在网络技术日益发达、信息渠道日益宽泛的情况下，通过各种方式和渠道进行信息获取、存储、处理、传递并提供利用的服务。所谓"模式"，是指某种行为或工作的运作方式，或称"范式"，这种范式拥有指导思想、政策法规、执行步骤或方式、运作过程以及管理方式等方面的内容。信息服务模式是信息服务机构为了满足用户的某种特定的信息需求，收集、整理、提供信息服务时遵循的流程或范式。

那么什么是图书馆立体服务模式呢？图书馆立体服务模式是泛在知识环境下，图书馆借助现代化的新技术，利用物理图书馆馆藏和虚拟图书馆馆藏以及网

络资源等一切可利用资源，并利用图书馆人员的智慧调动图书馆各构成要素和服务模式，使之相互联系、相互结合、协调运作、立体交叉、协同持续发展，以满足用户特定的服务需求的规律性的外在表现形态、流程或范式。该模式是信息资源、技术资源、人力资源、管理资源等诸多资源要素的集合，是以图书馆服务来体现它的功能和综合效益。

二、泛在知识环境下图书馆立体服务模式的特点

（一）服务理念人本化

"一切以用户为中心"是立体服务的核心理念，始终将用户的需要和体验放在首位。"用户在哪儿，服务就在哪儿"，无论用户身处何地，服务都将紧跟其步伐，确保随时随地为用户提供支持和帮助。此外，"以人为本"的原则贯穿服务之中，致力于创造一个以用户需求为导向的服务环境，让每一位用户都能感受到关怀和尊重。通过这些理念的指导，不断优化和提升服务质量，力求为用户提供最贴心、最便捷的服务体验。

（二）服务对象广泛化

立体服务不仅仅局限于为传统的图书馆用户提供服务，还涵盖了网络用户、本地用户以及其他地区的用户，服务对象广泛且深入。这种服务模式不仅突破了地域限制，还充分利用了现代信息技术，使得用户无论身处何地，都能享受到便捷、高效的信息服务。通过这种全方位的服务方式，图书馆能够更好地满足不同用户群体的需求，提升用户体验，提高用户满意度。同时，这种立体服务还能够促进知识的传播和共享，推动社会文化的进步和发展。

（三）服务内容专业化

为了有效地开展立体服务，图书馆馆员必须具备扎实的专业素养。这不仅包括对图书馆学和信息管理的深刻理解，还要求他们精通计算机技术，熟练掌握各种检索工具和数据库的使用方法。通过这些专业技能，馆员能够为用户提供更

加专业化和个性化的信息服务。他们可以开展深度服务，帮助用户在海量信息中迅速找到所需资源，从而提高用户的信息检索效率。

此外，馆员还需要具备良好的沟通能力和用户教育能力，以便更好地了解用户的需求，并指导用户如何有效地利用各种信息资源。通过这种深度互动，馆员可以帮助用户建立和完善自己的信息资源库，使用户能够独立地管理和利用信息资源，从而提升用户的信息素养和自主学习能力。

立体服务不是一种简单的信息服务，而是一种全方位、多层次的专业化服务。它要求馆员在提供基础信息服务的同时，能够根据用户的特定需求，提供更加深入和个性化的服务。这种服务不仅包括信息检索和资源推荐，还包括信息素养教育、信息资源整合和信息分析等多方面的内容。通过立体服务，图书馆能够更好地满足用户多样化的需求，提升用户的信息获取和利用能力，从而在信息时代中发挥更大的作用。

（四）服务方式多元化

图书馆的立体服务模式充分利用了传统图书馆的资源和网络技术的优势，打破了服务时间和空间的限制，使得服务方式更加多样化和灵活。这种立体服务不仅包括传统的纸质图书借阅和实体阅览室，还包括了电子图书、在线数据库、虚拟参考咨询等多种形式。通过这种立体化的服务模式，读者可以在任何时间、任何地点获取所需的文献资源和信息支持，极大地提高了图书馆的服务效率和用户体验。这种多元化的服务趋势不仅满足了不同读者的需求，还推动了图书馆服务的创新发展。

（五）服务结构联合化

为了进一步提升不同类型图书馆之间的资源共享能力，增强各图书馆在服务方面的综合实力，推动图书馆之间的紧密合作，服务结构的联合化已经成为一种必然的发展趋势。通过这种联合化，可以实现资源的优化配置，提高图书馆的整体服务水平，使读者能够享受到更加丰富和便捷的阅读体验。同时，这种联合化也有助于各图书馆在技术、管理和服务等方面进行交流与合作，共同提升图书馆行业的整体竞争力。

三、图书馆立体服务模式构建的原则和基本要素

（一）构建原则

构建图书馆立体服务是个大工程，牵涉多个图书馆、多个部门、多方面的因素，如人力、物力、技术等，应遵循以下几个原则。

1.领导重视，更新观念

一项工作的开展肯定离不开领导的支持，立体服务亦是如此。一个领导的眼界、观念、魄力等对立体服务模式的顺利构建起着至关重要的作用。图书馆领导应从时代发展的要求、开展立体服务的意义等角度出发，多方考察并借鉴他馆经验，结合开展立体服务所需环境制订详细的规划方案，分析和预测预期取得的效果，以取得上级部门的支持。同时，图书馆一定要摒弃"重藏轻用"的观念，树立"以用为主"的新观念，要有一定的思想认识和进取精神，培养图书馆馆员自觉提升服务的意识。

2.周密计划，建档备份

在开展每一项工作时，我们必须制定详尽的计划，并对整个活动过程进行严格的记录和备份。从管理的角度来看，这种做法可以确保及时进行总结，发现潜在的问题，并迅速采取措施解决这些问题。此外，它还有助于对图书馆的整体运营进行评估，从而对图书馆的发展方向进行适当的调整和优化。从用户的角度来看，这种做法能够使图书馆馆员更加便捷地掌握用户在各个阶段的信息需求、研究热点以及对服务的满意度等关键信息。通过及时的分析、总结和调整，能够不断改进自身的工作流程，更好地掌握学科的研究方向，从而促进图书馆服务工作的顺利进行，提升用户满意度。

3.开拓创新，用户第一

始终将用户的需求放在首位，致力于根据用户的实际需求开展有针对性的创新服务。为了更好地满足用户的需求，积极开拓各种服务项目，不断丰富和完善服务内容。同时，注重建构合理的服务模式，以确保服务的高效性和用户的满意度。通过这种方式，为用户提供更加贴心、便捷的服务体验。

（二）基本要素

1. 服务理念

泛在化立体服务的理念主要由"主动服务、平等获取和以用户为中心"三方面构成，而"以用户为中心"是泛在化服务理念的核心。

（1）以用户为中心。图书馆工作的原则是"读者第一，服务至上""服务是贯穿图书馆发展的主线"。在泛在知识环境的背景下，图书馆信息服务系统已经演变成一个由信息资源、技术设备、服务平台以及用户共同构成的有机且动态的系统。在这个系统中，人，即用户，处于核心地位。因此，在构建一个立体化的服务模式时，必须始终坚持以人为本的服务理念，将用户的需求放在首位。目标是根据用户的具体信息需求，提供量身定制的服务，确保一切服务活动都以用户为中心。这一理念不仅要在服务设计阶段得到体现，更要在服务实施的每一个环节贯穿始终。最终让用户能够在最短的时间内，以最经济的方式获取到最多且最优质的服务内容，从而极大地提升用户的满意度和使用体验。

（2）主动服务。在当今这个充满变革和创新的新环境下，用户在获取和利用文献信息的过程中表现出了一些新的特点和需求。这些变化要求图书馆必须摒弃传统的服务观念，不再局限于传统的服务方式和服务阵地。相反，图书馆应当积极吸收和借鉴新环境下图书馆服务的新理念和技术手段，主动出击，将服务范围延伸到用户的工作、学习和生活的各个领域。通过这种方式，图书馆可以更加及时地捕捉到用户的信息需求动态，从而能够更加迅速、主动地为用户提供全方位、多层次的服务。

（3）平等获取。国际图书馆协会联合会在 2014 年年会上发布的《信息获取和发展里昂宣言》中"基于人权的框架下"的第四条明确提出：推动和保障平等获取信息、言论自由、结社和集会自由及隐私等权利，并视之为保障公民个人独立的关键。

2. 人才保障

图书馆馆员是知识载体和信息服务的实现者，是图书馆最基本、最活跃、最关键的因素。泛在知识环境下的图书馆馆员是"文献的管理者""知识导航员""信息开发者"。具备丰富知识和综合才能的复合型人才将成为图书馆专业人员队伍的主流，应具备以下能力。

（1）基础知识。图书信息专业知识涵盖图书分类、编目、检索和管理等方面的内容，对其进行深入了解，使图书管理人员能够高效地组织和提供信息资源。计算机知识和网络技术则包括对计算机操作系统的熟练掌握、数据库管理、信息检索技术以及网络安全和维护等方面的知识，这些都是确保图书馆信息系统正常运行和数据安全的基础。外语知识，尤其是英语，对于图书馆工作人员来说至关重要，因为许多重要的学术资源和国际交流都是用英语进行的，掌握外语有助于更好地获取和利用全球信息资源。语言学知识包括对语言结构、语言使用和语言发展的研究，这对于图书馆工作人员进行文献整理、信息分类和读者服务具有重要意义。与图书馆信息资源的开发利用管理密切相关的基础科学知识包括文献学、信息科学、档案学等，这些学科为图书馆的资源开发、信息组织和知识传播提供了理论支持和方法指导。通过对这些基础科学知识的深入研究，图书馆能够更好地服务于读者，提高信息资源的利用效率和质量。

（2）服务能力，包括如下方面。①引导和传授用户正确检索信息的信息导航能力，如引导用户正确使用检索语言、掌握检索方法，传授检索技巧，培养用户查全及查准的自检能力等；②利用专业知识对各种专业数据库进行综合分析、判断信息质量及其利用价值的专业知识综合能力，如某一学科方面的信息咨询专家；③掌握计算机、多媒体、通信、数据库等各种新技术的应用能力，如掌握文献信息检索、图书馆业务自动化管理、数据库设计等方面的应用；④具备对文献进行整理加工的能力，如调查研究、积累资料的能力，收集和筛选信息、存储和输出信息的能力以及开发信息的能力等。

（3）管理能力。为了确保图书馆能够高效运转，提供卓越的信息服务，必须制定一个合理的人力资源配置方案。这一方案应考虑到图书馆的日常运营需求、馆员的专业技能以及读者的服务需求。通过建立一个灵活的调配机制，图书馆能够根据不同的工作量和任务需求，及时调整馆员的工作安排，确保每个岗位都有合适的人选。

3. 资源优势

图书馆资源是图书馆可以提供服务的一切事物的总称，包括图书馆建筑与设备资源、图书馆人力资源和图书馆文献信息资源。图书馆建筑资源是为图书馆服务而提供的固定的场所，包括书刊外借、阅览和咨询的场所，提供收藏保存文献信息的存储场所，读者娱乐休闲的服务场所，图书馆计算机系统管理和水电设备管理的技术设备运行场所等。

图书馆的设备资源包括计算机、网络设备及相关的外围设备，图书防盗设备，文献数字化加工与复制设备，自助借还设备，书架、阅览桌椅、办公家具设备等其他设备。这些设备大多数直接用于图书馆的读者服务，是图书馆活动中不可缺少的服务资源。

图书馆人力资源是依托图书馆资源提供服务的图书馆馆员。图书馆文献信息资源是图书馆一切服务的基础，包括传统图书馆资源和数字化图书馆资源。传统图书馆资源以纸质资源为主；数字化资源中除了传统的电子资源外，还包括各类数字资源库，如自建数据库、专题数据库、学科导航数据库、E-learning 学习系统、移动图书馆、资源共享平台、可供下载的网络资源等，这些共同构成图书馆文献信息资源。

图书馆拥有丰富的馆藏文献资源，尤其是高校图书馆不仅在资源总量上有较强的优势，而且在特色资源的建设与特色学科的发展方面，各高校根据各自的发展方向和学科特点倾注了较多的人力、财力、物力的投入，不仅使资源得到了保障，而且形成各具特色的馆藏，往往拥有某方面较为精深和权威的文献信息资源。

4. 技术支撑

泛在知识环境的产生得益于信息网络技术的迅速发展，图书馆立体服务模式的良性运转依赖的是强大的技术支持，主要技术如下。

（1）以 Wiki、Blog、RSS、Tag 等为表现形式的 Web2.0 技术。这些技术为泛在知识环境下拓展图书馆信息资源、延伸图书馆信息服务、进一步提升图书馆服务体验提供了可能。

（2）以语义网、区块链及人工智能技术为基础与核心的 Web3.0 技术。语义网使机器和人的交互性能更强，以手机图书馆为代表的各种服务平台、虚拟化社区使图书馆服务空间更加智能化和个性化。

（3）从 3G 技术到 5G 技术。图书馆服务大部分是基于 3G 技术开展的，5G 是第五代移动通信技术的简称，其特征是具有更大的数据吞吐量、更高的数据传输速率、更好的兼容性、更高的安全性、更广泛的应用领域和更独特的个性化，能够实现真正的无缝覆盖、随时随地的移动接入。随着 5G 时代的到来，图书馆将发生很大的变化。移动图书馆服务质量会大大提高，而且会大大降低用户使用移动图书馆的成本，用户可以更加快捷地下载和利用资源，也有利于图书馆提供更加贴心的个性化服务。

（4）云存储。这是云计算技术的一个延伸，是一个配备了海量存储空间的云计算系统，为用户提供对传统文件的访问和对海量数据的管理与维护以及用户的正常访问，提供网上海量数据的存储服务等。云存储为图书馆带来了数据存储的新选择，可以减少图书馆资金投入、推动信息共享等，为图书馆开展业务工作提供了技术保障，为读者顺利获取信息提供了稳定的环境。

（5）物联网。目前我国图书馆在物联网方面的应用主要体现在智能馆藏管理系统，如 RFID 系统。这个应用是物联网在我国图书馆系统中最显著的应用之一。

（6）移动计算技术。移动计算技术是伴随着国际互联网、分布式计算、移动通信等技术的发展而兴起的新技术。移动计算技术的应用可以将数字信息资源准确及时地提供给不论身在何时、何地的所有用户。智能手机、平板电脑和电子书阅读器的普及以及手机信息处理功能的增强为移动计算技术的应用奠定了基础。用户通过无线移动教学图书馆系统可以在任何地点、任何时间进行手机与图书馆的交互，实现了在手机平台上的查询、借阅、浏览馆藏、预约及接收通知等服务功能。手机图书馆提供全天候的服务，可以实现图书馆的电子文献、期刊、图书等数据信息资源的实时在线阅读，展示了移动计算技术的强大优势。

（7）新媒体技术。新媒体如今常常被称为"第五媒体"，是通过互联网、无线通信网、有线网络等渠道采用数字及移动技术等，为用户提供信息和娱乐的媒体形式。新媒体主要有数字电视、掌上媒体和互联网媒体。新媒体技术应用主要有利用分众分类模式和 Wiki 等建立图书馆的信息资源数据库、利用搜索引擎建设谷歌图书馆、利用数字电视开辟图书馆新的服务栏目、利用移动通信媒体进行高校图书馆的数字化建设和利用 RSS 进行高校图书馆的信息发送服务。

（8）数据挖掘技术。数据挖掘技术也可以称为数据库中的知识发现技术，是指从大量的、先前不知道的、模糊的、随机的、详细的数据中提取隐含的、潜在有用的、完整的信息或知识的过程。它是在已知数据样本的基础上通过对数据的统计、分析、综合、归纳来揭示事物间的相互联系，预测事物未来发展的趋势，解决工作中出现的实际问题。图书馆还可以根据用户以往的借阅记录和经常访问的网页进行分析、挖掘，了解用户的兴趣爱好、研究方向等，发现用户的检索规律和知识模型，从而确定个性化服务的内容。

（9）XML。与 HTML 相比，XML 不但可作为结构化数据库使用，而且可以通过自定义标签来表示非标准结构的文本信息。XML 在数据传递时无须考虑物理设备、操作系统和编程语言，因而是最适合的数据传递工具，可以实现诸如建立通用数据模型、翻译异构数据和数据存储、发布、查询、索引等功能。在建设特色数据库方面也起到了很好的效果，通过 XML 技术能使元数据间成功互换，解决特色数据库在建库过程中涉及的多种元数据标准不统一、重复著录和元数据资源浪费严重等问题，有利于资源的共享和平台扩展发展，并可在此基础上开发出更多新功能。XML 的应用给当代图书馆带来了深刻的影响。

除了以上技术支撑，用于图书馆信息服务的技术还有信息采集技术、元数据、信息加工技术、自动标引与人工标引技术、信息存储技术、信息检索技术、信息推送技术等。这些技术不断地改变着图书馆的服务模式，为构建一个泛在化的图书馆立体服务模式提供技术支撑。

四、图书馆立体服务模式的构建目标

不管是传统图书馆还是泛在知识环境下的泛在化图书馆，其建设的根本点都是为了服务，而服务的最终目标是满足用户需求。泛在知识环境下的图书馆就是要把满足用户的实际信息需求和潜在的信息需求及有针对性地为用户提供定制化信息服务作为建立立体化服务模式的目标，以保证实现真正意义上的立体多维服务模式，使用户通过这种模式享受到图书馆提供的高质量服务。

（一）建立具有良性互动机制的立体服务模式

泛在知识环境具有自由、开放、共享、互动等特点，而这些特点恰与图书馆的服务宗旨相一致。利用新技术构建图书馆服务模式，提升信息服务能力，建立以用户为中心良性互动的发展机制是顺应泛在环境技术发展的需要，满足读者个性化信息需求和加快图书馆自身改革发展的需要。就目前而言，泛在知识环境已经为图书馆搭建互动交流平台提供了Web3.0、5G、物联网、云存储等现代化的技术支撑。Web3.0的跨语言引擎技术可将个性化门户的各种语言版本进行整合，形成一个统一的整体，实现不同语言间的翻译和不同搜索引擎检索的集合，Web3.0的个性化信息聚合技术能实现知识共享的个性化和精准化。

随着网络环境的变化和读者获取信息渠道多元化局面的形成，图书馆传统的咨询台、热线电话等互动信息服务方式在一定程度上制约了图书馆的建设和发展。因此，图书馆应树立开放包容的管理理念，引入智能便捷的服务理念，一切以服务用户为宗旨，搭建用户广泛参与的互动平台，提高用户体验度。比如，可设立一个订阅的界面，为读者提供信息推送服务，实现互动信息服务。风靡图书馆界的"豆瓣读书"就是通过发布、存储、分享及传播用户对图书的评论、推荐、个人读后感等信息，让用户分享各自撰写的信息，同时也可以促进图书爱好者之间的交流和互动。用户还可以把互联网上的信息如新闻、天气预报、专业论坛、专家博客等添加到自己的个人图书馆门户中，个人门户之间也可以相互交流、互相连接，共享信息单元。建立手机图书馆，使其和图书馆产生互动，及时获取图书馆相关信息更新，构建图书馆虚拟社区，将论坛（BBS）、即时通信（IM）、在线聊天室、图书馆公告、新闻 RSS 订阅、数据库信息资源 RSS 推送、博客（Blog）等服务整合在一起，可实现馆员和馆员之间、馆员和用户之间的互动交流，使隐性知识得以传播，也拓展了图书馆的利用空间。

（二）建立提供泛在化服务的立体服务模式

传统图书馆的服务范围和服务对象是固定的，服务内容和服务功能是有限度的，服务场所和服务空间是明确的，服务手段和服务机制是常规的。这种现象远远不能满足泛在知识环境下的用户需求。泛在知识环境下的用户需求呈现出泛在化的特征,图书馆服务随之也应泛在化,图书馆也必须泛在化。泛在图书馆就是无所不在的图书馆,其本质是图书馆服务的泛在化,是为用户创造图书馆服务并将其与用户需求空间和过程有机融合的一种新的平衡状态,目的是提供一种到身边、到桌面、随时随地的服务。

1.服务范围与服务对象的泛在化

泛在化图书馆致力于将服务范围最大化地扩展,从而克服传统图书馆在服务范围和服务对象上存在的局限性。通过将服务延伸到更广泛的用户群体中,泛在化图书馆确保了用户能够平等地利用图书馆资源和设施。这种理念的核心在于,无论用户身处何地都能享受到图书馆提供的便捷服务。因此,"有用户的地方就有图书馆的服务"这一理念应当成为图书馆的基本原则和服务模式,确保每一位用户都能随时随地获得所需的资源和支持。

2.服务内容与服务功能的泛在化

在泛在知识环境下,用户对图书馆信息服务的需求已经远远超出了传统图书馆所能提供的文献资源服务的范畴。随着新技术的广泛应用,图书馆服务的内容和服务功能得到了进一步的提升和扩展。图书馆在存储和传播信息方面的能力得到了显著增强,用户服务和互动能力也得到了大幅度的提升。这使得用户体验、实践和参与图书馆服务的功能得以充分实现。

用户现在可以通过电脑、手机等多种设备非常方便地进行信息检索和获取。图书馆提供的各种数字资源和在线服务使用户可以随时随地访问所需的资料。此外,通过微博、微信、博客等社交媒体平台,用户可以随时与图书馆馆员或其他用户进行互动交流,分享信息和观点。这种互动不仅限于文字,还包括图片、视频等多种形式,使得交流更加生动和直观。

图书馆的服务方式也越来越灵活多样。除了传统的借阅服务,图书馆还提供了在线咨询服务、虚拟参考服务、远程教育课程等多种形式的服务。用户可以根据自己的需求和偏好选择最适合自己的服务方式。图书馆还通过举办各种线上和线下的活动,如讲座、研讨会、展览等,丰富用户的阅读体验,增强用户对图书馆的归属感和认同感。

3.服务场所与服务空间的泛在化

"用户在哪里，图书馆的服务就在哪里"，图书馆的服务与用户的需求形影相随。图书馆及其馆员应当从传统的文献服务和信息服务逐步转型为更加深入和全面的知识服务。这意味着他们需要开拓新的服务领域和服务空间，以满足用户在知识获取和利用方面的需求。图书馆应当以用户为中心，积极提供用户所需的各种服务，确保用户能够获得他们所需要的信息和知识。

为了实现这一目标，图书馆应当努力打破时间和空间的限制，使用户能够在任何时间、任何地点方便地访问图书馆的资源和服务。这意味着用户不再受限于图书馆的开放时间或地理位置，随时随地都可以获取所需的图书馆服务。通过这种方式，图书馆能够更好地满足用户的多样化需求，提升用户体验，从而在信息时代中发挥更大的作用。

4.服务手段与服务机制的泛在化

在当今社会，用户对图书馆的需求日益增长，呈现出多样化和复杂化的趋势。然而，图书馆的人力资源却相对有限，这导致了供需之间的矛盾日益凸显。为了解决这一问题，我们可以通过利用泛在环境中的新技术手段，创建一个能够提供泛在化服务的平台。这个平台将服务的阵地延伸到用户，通过改进服务手段、深化服务机制、拓展服务项目来提高信息服务的效率和效果。例如，图书馆可以开展在线咨询服务，解答用户的疑问；可以开展在线培训课程，帮助用户更好地利用图书馆资源；可以开展在线展览和讲座，丰富用户的阅读体验。

具体来说，泛在环境下的新技术手段包括移动互联网、大数据、云计算、人工智能等，这些技术可以帮助图书馆更好地了解用户需求，提供更加个性化和精准的服务。例如，通过大数据分析，图书馆可以了解用户的阅读习惯和兴趣，从而推荐相关的书籍和资源；通过移动互联网，用户可以随时随地获取图书馆的服务，不再受时间和地点的限制。

通过将资源、用户和服务三者有机地结合起来，我们可以形成一个互动增长的有机体。在这个有机体中，用户的需求是图书馆服务不断创新的动力源泉。图书馆可以根据用户的需求，不断调整和优化服务内容，提供更加优质的服务。同时，用户也可以通过参与图书馆的服务，提出自己的建议和意见，帮助图书馆改进服务。

（三）建立能挖掘和外化隐性知识的立体服务模式

隐性知识，顾名思义，是一种深藏于人脑之中的知识，它不同于那些可以通过文字、图表、公式等明确表达出来的显性知识。这种知识难以直接传播和交流，不易被外界观察和理解，尚未被系统地编码，属于一种非显性的知识形态。隐性知识具有很强的主观性，它往往基于个人长期的经验积累和直觉，是一种高度个人化的知识资源。

在图书馆知识服务领域，隐性知识扮演着重要的角色。它是图书馆知识服务的后备力量，是提升图书馆服务水平的关键因素之一。隐性知识的挖掘和利用，对于知识创新具有极大的推动作用。在泛在知识环境下，用户对于那些存在于个体头脑中或组织内部的隐性知识的需求变得越来越强烈。为了满足这种需求，图书馆需要搭建相应的服务平台，例如真人图书馆服务，以促进隐性知识的交流与利用、传播与创新。

图书馆应当注重挖掘和开发隐性知识，并努力促成其显性化。通过这种方式，可以使隐性知识形成一种凝聚力，帮助用户在不断融合和外化隐性知识的过程中，提高他们的学习能力和知识水平。同时，这也有助于提升图书馆的服务水平和创新能力，使其能够更好地适应知识经济时代的需求。

（四）建立协同合作、多主体参与的联合服务立体服务模式

图书馆联合服务是一种特定地区、特定类型或特定专业的多个图书馆之间，在自愿合作的基础上，开展的一种馆际协作服务模式。这种服务模式允许各个参与的图书馆在协同合作和公开透明的前提下，共同建立一个合理的管理制度，并设立相应的组织机构。通过这种方式，各个图书馆以合作的方式结成联盟，共同推进图书馆服务的发展。

这种联合服务模式具有长期性、稳定性和整体性的特点。通过建立基于联合服务的立体服务模式，用户能够享受到联合服务系统内全部的文献信息资料。这种模式不仅增加了单个图书馆不能提供的服务项目，还能够有效解决文献信息

资源数量及价格的急剧增长与图书馆经费不足之间的矛盾。这些措施都是图书馆实现资源共享的重要途径。

联合服务模式为用户提供全方位、多层次、高质量和全天候的信息服务，充分发挥不同类型图书馆合作共享的综合实力。它推动了传统图书馆与数字图书馆、纸质资源与电子资源的互补共存，促进了区域图书馆与用户的交流沟通以及区域图书馆与区域发展的互动共进。这种模式引领图书馆事业的区域整体发展，成为图书馆的发展趋势。通过联合服务，图书馆能够更好地满足用户的需求，提升服务质量，实现资源的优化配置和高效利用。

第二节　基于信息服务领域的模式创新

一、"一站式"信息服务模式

图书馆的"一站式"信息服务实际上是指将各种服务进行集成、整合和充分利用的过程。具体来说，图书馆通过有效地整合各种不同的资源、数据库以及针对不同用户群体的服务，使用户能够在任何时间、任何地点，通过最简便的方式，一步到位地检索到他们所需要的信息资源，或者享受到图书馆所提供的人性化资源和服务。这种"一站式"服务不仅基于网络搜索引擎和网络导航服务，还基于图书馆提供的个性化和人性化服务。通过这种服务模式，图书馆能够显著提高资源的利用率、服务质量和服务效率，同时极大地提升用户的满意度。

二、参考咨询服务模式

参考咨询服务模式包括传统的参考咨询服务模式和数字化参考咨询服务模式。传统的参考咨询服务模式主要指到馆参考咨询、电话咨询、表单咨询等。数字化参考咨询模式主要有参考咨询馆员在线实时解答的同步参考咨询服务和利用表单、网页提交咨询的异步参考咨询服务。异步参考咨询服务因其操作简单、方便易行、不受时间地点限制而在图书馆中得到广泛应用和发展。随着泛在化知识环境的深入，参考咨询工作的咨询模式和咨询工具等都在发生着巨大的变化，网络在线咨询、短信息咨询、手机图书馆互动咨询、微博咨询、可视化咨询等数字参考咨询方式纷纷涌现，为用户提供了实时、高效、便捷而泛在的参考咨询服务。

数字化参考咨询可以分为以下几种方式：数据库导航服务、特色数据库服务、电子邮件及网络表单服务、常见问题解答服务、实时在线服务、BBS 和留言板服务、在线学科服务、馆际互借的电子文献传递服务和网上用户教育服务。

除了常规的数字化参考咨询服务之外，国内各图书馆也在积极摸索有特色、有优势的咨询方式，以清华大学图书馆咨询服务为例，其提供的数字化参考咨询服务主要有以下几种。①智能聊天机器人"小图"。图书馆改变以往由咨询馆员在后台实时回复的方式，推出智能聊天机器人"小图"全天候与用户实时交流咨询服务。②馆藏地图服务。馆藏地图服务是将馆藏详细的架位信息以地图的方式呈现给用户，用户可以利用此服务自动定位和查询馆藏所在架位，浏览或查看某区域附近架位的馆藏信息。③短信服务。利用手机短信与图书馆交互功能，将和用户相关的通知及时以短信的方式发送给用户，包括个人借阅信息、预约、续借等，也方便图书馆图书催还。④订阅。订阅服务是图书馆通过读者的订阅将最新的信息即时主动推送到读者桌面，内容涵盖图书馆最新消息、图书馆中西文新书通告和商业数据库服务等。⑤图书馆工具条服务。通过加载图书馆工具条帮助用户实现了"轻轻一点，即可访问图书馆的资源和服务"，用户可以检索文章、馆藏书目、数据库、电子期刊、搜索引擎，可以快速链接到学术信息资源门户、期刊导航、数据库导航，还能自动获取图书馆最新公告等。⑥清华图书馆参考咨询系统 V2.0 和 CALIS 虚拟参考咨询系统提供了比较完备的网上咨询服务，内容涉及实时咨询、表单咨询、浏览查询、问题征答、个人信息管理、咨询专家查询和管理等功能，系统同时提供了包括表单咨询、实时咨询、微博咨询等在内的在线咨询方式，并提供了一些传统咨询的联系方式，如各个部门咨询电话、面对面咨询的接待时间和地点等。一些常见问题也可通过系统中浏览和检索两个功能得到解决。

（一）基于个性化提问的层次化参考咨询服务模式

针对用户的不同层次信息需求和专业类型，图书馆可以为其定制一种体现个性化服务的层次化参考咨询服务模式。这种模式旨在为用户的个性化提问提供专门的解答，是一种主动服务模式。通过这种模式，图书馆能够根据用户的具体需求，提供更加精准和个性化的服务。

对于单一用户，图书馆可以提供专业的个性化咨询服务。为了实现这一点，图书馆需要充分利用其信息聚合功能。首先，图书馆需要对馆藏资源进行深入分析，了解各个领域的信息资源使用情况。其次，图书馆还需要关注特定用户群体的资源阅读习惯，以便更好地理解他们的需求。通过这些分析，图书馆可以进行个性化聚类分析，生成一份包括该用户使用偏好的统计报告。

这份统计报告将详细描述用户的阅读偏好、常用资源类型以及访问频率等信息。图书馆可以将这份报告通过网络的各种访问形式，如电子邮件、在线平台或移动应用等，单独呈现给用户。这样，用户就可以根据自己的偏好，更加便捷地获取所需的信息资源。

（二）基于知识库的联合参考咨询服务模式

该模式是由多个成员图书馆联合起来，形成一个基于知识库的分布式的虚拟参考咨询网络，为全部成员馆的用户提供数字参考咨询服务的模式。知识库在开展数字参考咨询服务中扮演着至关重要的角色，它是一个强大的工具，能够有效地支持和提升咨询服务的质量。知识库的主要数据来源包括电子邮件、网络表单、实时聊天记录、咨询馆员之间的信息交流、咨询馆员的日志与博客等。这些数据来源为知识库提供了丰富而多样的信息资源，使其能够更好地满足用户的需求。

在图书馆联合参考咨询系统中，中心系统知识库扮演着核心的角色。它整合了来自不同成员馆的知识库资源，实现了分布式合作虚拟参考咨询服务。这种联合参考咨询服务模式有效地弥补了单一机构或单一学科咨询专家在满足多领域用户多层次需求方面的不足。通过这种模式，用户可以获得更广泛学科的知识支持，享受到更长时间、更广阔领域的服务。此外，联合参考咨询服务还是一种节约和共享图书馆服务和人力资源的有效方式，能够提高整体服务效率和质量。

三、学科服务模式

学科服务模式最早始于 1950 年美国内布拉斯加大学图书馆，在我国，自 1998 年清华大学图书馆建立学科馆员制度起，逐渐发展并显示出强大的生命力和影响力。学科服务主要适用于高校图书馆、科研图书馆，其目的是加强图书馆与各院系的联系和沟通，帮助师生或科研人员充分利用图书馆的知识资源和服务，也让图书馆能够及时了解院系的需求。图书馆学科服务又称学科馆员制度，是指一种具有开拓性、创新性的主动参与式服务。其具有个性化、专业化、知识化、集成化和前沿化的特点，是动态式信息服务。

（一）学科服务模式的类型

1.学科馆员模式

学科馆员模式是一种以学科馆员的专业技能和信息素养为基础，通过与学科用户进行深入地沟通、交流和协作，从而提供高效服务的模式。在这种模式下，学科馆员作为核心力量，致力于在图书馆与学科用户之间搭建一座桥梁，使资源利用变得更加高效和便捷。他们的目标是促进图书馆信息服务向更高层次的知识服务转变，以满足学科用户在信息获取、处理和利用方面的需求。

学科馆员模式的发展经历了不同的阶段。最初，其主要表现为"学科馆员—图情教授"的协同服务模式，即学科馆员与图书情报学教授共同合作，为用户提供专业服务。然而，随着学科服务需求的不断变化和深化，这种模式逐渐向"学科馆员—嵌入式"的合作服务模式转变。在嵌入式服务模式中，学科馆员更加深入地融入学科用户的学习和研究过程中，提供更为贴近用户需求的个性化服务。

学科馆员模式已经成为图书馆提供学科服务的重要模式之一。通过这种模式，图书馆能够更好地满足学科用户在信息获取、分析和利用方面的需求，从而提升图书馆的整体服务水平和学科服务能力。学科馆员通过不断学习和掌握最新的学科知识和信息技能，为用户提供更加专业和高效的服务，推动图书馆在知识服务领域的发展。

2. 学科分馆模式

学科分馆模式是一种根据特定学科的需求，按照学科分类进行信息资源建设的服务模式。这种模式根据一级学科、二级专业、三级研究方向以及课程体系等多个层次，有针对性地开展信息资源的收集和建设工作。通过这种方式，学科分馆能够更有效地提供检索、收集、加工和利用等信息获取过程的服务。以建设分馆为核心，集中收藏某一学科的文献资源，使学科分馆能够更深入地服务于该学科的研究和教学需求。这种模式不仅提高了信息资源的利用效率，还为学科研究提供了更为专业和深入的服务，成为重要的学科服务发展模式。通过学科分馆模式，图书馆能够更好地满足学科发展的需求，为学术研究提供有力支持，推动学科建设的深入发展。

3. 学科导航模式

学科导航模式是一种基于网络平台的资源整合方式，其按照学科分类将多种信息资源类型进行集成，并提供了详细的查找路径和获取方式。这种模式的核心在于"导航"，旨在通过引导和领航的方式，帮助用户更高效地查找和获取他们所需的资源。通过这种方式，用户可以轻松地获取各类学科相关的文献、数据库、电子书、期刊、会议论文等资源，从而极大地提高了学术研究和学习的效率。学科导航模式不仅为用户提供了一个便捷的资源查找平台，还通过分类和整合，使得资源的获取变得更加系统化和条理化，极大地节省了用户在海量信息中筛选和查找资源的时间。

4. 学科知识库模式

学科知识库模式是一种以特定学科领域内的专家智慧、数据库信息、纸质文献资料以及网络信息资源为知识来源的系统。这种模式以知识单元为基础存储对象，通过计算机技术来表达、存储和管理关于特定学科领域的知识集合。该模式的核心在于建设一个专门化的知识服务领域，其内容专注于某一个特定的学科专题。通过信息过滤和资源筛选等手段，学科知识库模式能够深度整合与该专题相关的各种知识，从而为用户提供深入且有序的知识服务。这种模式不仅是一个简单的信息集合，而是一个深层次的学科知识服务模式，旨在为用户提供更加专业和精确的知识支持。

5. 学科信息门户模式

学科信息门户模式是一种在开放式的数字信息服务环境中，将特定学科领域的信息资源、工具与服务有机地集成到一个统一的整体中，从而为用户提供方便快捷的学科信息检索和集成服务入口的服务模式。这种模式通过整合各种资源和工具，使用户能够在一个平台上高效地获取和利用所需的信息。学科信息门户可以分为综合性学科信息门户、多学科信息门户和单一学科信息门户三种类型，每种类型都有其独特的功能和特点。

综合性学科信息门户通常涵盖多个学科领域，提供跨学科的信息资源和服务，满足不同学科用户的需求。多学科信息门户则专注于几个相关学科领域，通过整合这些学科的资源，为用户提供更为专业和深入的信息服务。而单一学科信息门户则专注于某一特定学科领域，提供该学科的详细信息资源和专业工具，帮助用户在该学科领域内进行深入研究。

在学科信息门户中，用户不仅可以进行信息检索和获取，还可以进行知识的共享和交流。通过平台提供的各种工具和服务，用户可以与其他研究者进行互动，分享研究成果，讨论学术问题，从而促进学术交流和合作。学科信息门户的建设和发展，为学术研究和教育提供了强有力的支持，推动了知识的传播和创新。

6. 学科服务平台模式

学科服务平台是学科服务的虚拟延伸，是依托先进的软件，组建不同学科应用功能模块，集知识资源、学科馆员、用户与计算机技术为最优化整体的一站式服务平台，具有良好的多向交互作用。比较典型的学科服务平台有维普资讯推出的图书馆学科服务平台 LDSP 和 CALIS 学科服务 LibGuides 平台。LDSP 平台充分整合并利用了图书馆各类电子资源，如异构资源库的收集、遴选、保存管理，集成了各种服务与检索工具，如主动推送服务、在线参考咨询、学科定题服务、短信/邮件服务等功能，并由具有专业背景的学科馆员开展针对特定读者的个性化服务或者大众读者服务，是基于学科馆员的网络服务平台。

（二）学科服务模式的发展趋势

1.基于信息共享空间的泛学科化服务

美国艾奥瓦大学提出了信息走廊概念，扩建后将名称改为信息共享空间（Information Commons，IC），是将图书馆提供的文献、网络资源和图书馆馆员的服务融为一体，为用户提供一个相对独立的物理或虚拟的空间服务，体现的是以用户为中心的一体化的服务模式。上海交通大学图书馆依托 IC² 创新服务理念，以"学科服务"为主线开展服务，根据用户个性化需要，营建支持主题学术交流和创造的环境，提倡与读者的互动与交流，鼓励读者参与，支持协同研究，启迪创新思维。人员协同、资源体系、空间布局、服务基地、服务对象、知识环境、虚拟空间等各要素均巧妙与各学科融合，面向学科、针对学科组织开展和科研项目相关的各项服务，为学校教学、人才培养、科学研究提供全方位的立体支撑，逐渐形成全馆协同服务的泛学科化服务体系。

2.建立学科服务联合体

随着泛在信息环境的深入发展，用户对信息需求的要求变得越来越细化和专业，学科间的交叉与渗透现象也越来越明显。在这种情况下，仅仅依靠单个图书馆和学科馆员提供的学科服务已经很难满足用户深层次的需求。因此，多个图书馆之间的合作以及与其他信息机构的交流与联合将会成为深入开展学科服务的趋势。

为了更好地满足用户的需求，多个图书馆可以成立学科服务联合体，建立联盟内的学科信息和服务的互动平台。这样的平台可以促进各成员馆之间的资源共享和信息交流，从而构建一个良好的内外部环境。通过这种合作，各成员馆可以相互借鉴和学习，不断提升自身的服务质量和服务水平。

学科服务联合体的建立将有助于各成员馆共同为用户提供系统化、深层次的学科服务。这种服务不仅能够满足用户对信息的细化和专业需求，还能够促进学科间的交叉与渗透，推动学术研究的深入发展。通过联合体的合作模式，各成

第六章
图书馆的立体服务管理模式创新

员馆可以更好地整合资源，优化服务流程，提高服务效率，从而为用户提供更加高效、便捷的科学服务。

第三节　基于Web3.0的个性化服务模式创新

一、Web3.0个性化信息服务特征

Web2.0模式下的图书馆信息服务最显著的特点是信息共享、信息整合和信息服务平台的构筑和开放。Web3.0是对Web2.0的继承和突破，是在Web2.0的基础上的进一步延伸，是通过更加简洁的方式为用户提供更为个性化的互联网信息资讯定制的一种技术整合。在Web3.0时代，信息服务平台的构筑已不是人类信息交流机制的主要内容，而是在这个平台基础上深入开发和实现人类社会基于个性化需求的信息最优聚合的问题。Web3.0个性化信息服务具有以下特征。

（一）注重用户操作的可控性

在这个开放的平台上，用户群体不会受到任何限制，无论是年龄、地域还是职业背景，每个人都可以自由地加入和参与。信息的交流和传递没有任何人为的障碍，无论是语言、文化还是技术差异，都不会成为阻碍人们沟通的壁垒。用户们拥有完全的自主权，可以根据自己的需求和兴趣，选择性地操控和管理信息。他们可以自由地获取、分享、发布和删除信息，完全掌控自己的信息流向。此外，平台还为用户提供了一系列实现自我发展的条件和工具，无论是个人成长、职业发展还是社交需求，用户都可以在这个平台上找到满足自己需求的资源和机会。总之，用户在这个平台上享有充分的自由和权利，可以按照自己的意愿来操控信息和实现自我价值。

（二）深度的个性化体验

Web3.0用户可以依据自己的个性需求和习惯使用互联网络，互联网用户对

Web 的体验正在由传统的点击、单向、视听体验进入全新的多媒介、多通道、满足生理愉悦的体验时代。

（三）高度兼容和互通

网络设备和应用程序之间实现了高度的兼容性和互通性。这意味着各种网络设备，如路由器、交换机、服务器等，以及各种应用程序，如社交媒体平台、办公软件、在线游戏等，都能够无缝地协同工作。无论是在家庭、企业还是公共场所，用户都可以享受到顺畅的网络体验，无须担心设备或软件之间的兼容性问题。

这种高度的兼容性和互通性得益于标准化的网络协议和接口，以及不断优化的软件开发工具。开发者们可以利用这些工具和协议，确保他们的应用程序能够在不同的设备和平台上运行，从而为用户提供一致的体验。同时，设备制造商也在不断改进硬件，以支持最新的网络技术和协议，进一步增强了设备之间的互通性。

（四）网络智能化

网络智能化体现在对人类语音、语义的理解以及计算机网络设备跟人类的双向对话，实现现实人与虚拟生活的双向交流以及网络面向个人需求进行的自动过滤和自动清洁网络垃圾。

（五）用户 Web 数据私有，体现个人价值

Web3.0 将更加凸显互联网用户个人数据的管理、价值的体现和用户数据的独立性，激发用户参与、体验的兴趣和积极性。

（六）直接交互和聚合

网站之间信息的直接交互和聚合是指不同网站之间通过某种技术手段或协议，实现数据和信息的无缝传递和共享。这种交互和聚合可以使用户在一个网站上就能获取到其他网站的相关信息，从而提高用户体验和信息获取的效率。

例如，一些社交媒体平台通过开放 API（应用程序编程接口），允许其他网站或应用程序获取其用户数据、发布内容等信息。这样，第三方应用程序就可以在不直接访问用户数据的情况下，实现与社交媒体平台的交互和信息聚合。

二、Web3.0 个性化信息服务内容

图书馆个性化信息服务是图书馆以其强大的海量资源存储优势，面向用户提供满足其个性化需求的服务。图书馆个性化信息服务具有主动式服务、针对性服务和被动的积极响应等特征。

"针对性服务"是图书馆个性化信息服务最主要的组成部分和工作内容，即针对用户的需求特性主动或自动进行用户资料的收集和分析，建立用户资料数据库，定期或不定期地向用户提供差别性的服务，为用户制定不同的服务策略，提供不同的服务内容。图书馆"被动的积极响应"其实是图书馆主动式服务理念的延伸，是在其理念指导之下的图书馆活动的具体实践。

Web3.0 是图书馆个性化信息服务的新一代网络环境，也是图书馆用来深层次满足个性化信息用户需求的工具，主要体现在图书馆个性化的实时信息服务、多样化的服务方式和服务内容的精准响应等几方面。

（一）实时信息服务是图书馆满足个性化服务的跨时空体现

利用 Web3.0 信息接收终端的普适性特征，实现各种应用的电子设备的互联互通和信息实时接收功能，实现图书馆与用户的无缝对接，实时解决图书馆用户的信息需求，解决了图书馆和用户服务与需求双方跨时空的联络，让用户充分享受到图书馆无处不在的便利，这是一种人类信息交流的社会机制变革的有益尝试。

（二）图书馆信息服务方式的多样化是图书馆个性化信息服务的外在特征的一个体现

丰富的个性化信息服务的形式能够满足用户个性化需求，有利于营造良好的信息环境，将图书馆与其外在的社会空间融为一体。

（三）提供精准的信息资源内容是个性化用户对图书馆信息资源服务的主观需求，也是图书馆个性化服务的一个重要体现

这要求图书馆针对服务个体高质量地提供个性化的服务内容。

三、Web3.0 个性化信息服务模式

图书馆个性化信息服务模式是以个性化信息服务系统为平台，以满足用户个性化信息需求为目标，在个性化信息服务活动中调整和组合各服务要素而形成的一种工作模式。图书馆个性化信息服务的根本目的在于通过特定的服务方式，根据信息用户的专业化、个性化需求，为信息用户提供适当的、有针对性的、独特的信息服务。

目前，已经出现了各式各样的图书馆信息服务模式，如信息推送模式、门户模式、智能代理模式、呼叫中心模式等。

（一）信息推送模式

在当今的信息时代，图书馆通过采用信息推送模式，能够更好地满足用户的需求。这种模式的核心在于通过对用户行为和需求的持续跟踪与分析，图书馆能够推测出用户潜在的信息需求。基于这种推测，图书馆可以主动向潜在的用户群体或潜在的需求方推送经过精心加工和筛选的信息资讯。这种服务方式不仅提高了信息传递的效率，还提高了用户对图书馆服务的满意度。

在 Web3.0 环境下，图书馆提供的个性化信息推送服务进一步升级。这种服务更加注重对用户数据的自动收集和智能分析，利用先进的技术手段，如大数据和人工智能，来实现对用户行为的精准捕捉和需求预测。通过这种方式，图书馆能够更准确地识别用户的个性化需求，从而提供更加精准和有针对性的信息推送服务。

这种服务模式的优势在于其科学性和预测的准确性。通过对用户数据的深入分析，图书馆能够更好地理解用户的兴趣和需求，从而有针对性地提供所需的信息资源。这不仅提高了用户获取信息的效率，还确保了推送服务的效果，使用户能够更快地找到对自己有价值的信息。

（二）门户模式

门户模式是一种在图书馆个性化信息服务实践中经过成功开发并广泛推广使用的模式。其中，最具代表性的例子之一就是 MyLibrary 的研发和广泛应用。随着 Web3.0 网络技术的不断发展和应用，这种信息服务模式将会得到进一步的深化和优化。在新的网络环境下，这种模式将更加注重用户操作的自主性，即用户可以根据自己的需求和喜好，自由地选择和使用各种信息服务。同时，这种模式还将更加关注用户资料的智能追踪和判断，通过对用户行为和需求的分析，主动提供更加精准和个性化的服务策略和服务内容。对于广大的科研院所、高校等传统用户群体而言，这种模式将会成为一种被普遍采用的服务模式，为他们提供更加高效、便捷和个性化的信息服务。

（三）智能代理模式

智能代理模式代表了在 Web3.0 阶段图书馆信息服务的进一步深化与广泛应用，它主要围绕着满足用户的个性化信息需求进行开发。这种模式通过利用先进的信息技术和人工智能算法，能够为用户提供更加精准和高效的信息服务。智能代理能够根据用户的兴趣、历史行为和需求，主动收集、筛选和推荐相关信息，从而极大地提升用户体验和信息获取的效率。此外，智能代理模式还能够实现与用户的实时互动，通过自然语言处理技术理解用户的查询意图，并提供更加个性化的服务。这种模式的广泛应用，不仅能够推动图书馆信息服务的创新和发展，还能够为用户提供更加丰富和便捷的信息获取途径。

（四）呼叫中心模式

呼叫中心模式是一种创新的图书馆信息服务形式，其借鉴了"114"查号台等传统信息服务的运作模式，并在此基础上进行了业务领域的拓展和服务内容的丰富。通过整合不同信息服务平台的体制机制，这种模式旨在打造一个更加高效、便捷的信息服务网络。在 Web3.0 的网络环境下，呼叫中心模式致力于提供更加个性化和精准的信息服务，成为图书馆信息服务领域的一种新的实践形式。这种模式不仅能够满足用户多样化的需求，还能够通过智能化的技术手段，为用户提供更加贴心和高效的信息查询和解答服务。通过这种模式，图书馆能够更好地适应数字化时代的发展趋势，提升自身的服务水平和竞争力。

（五）虚拟 3D 图书馆模式

虚拟 3D 图书馆模式是指通过三维动画技术，将图书馆的各个服务功能和组成部分生动地展示给用户个体。在这种模式下，用户可以用虚拟身份进入一个三维的虚拟图书馆空间，从而获得仿佛置身于真实图书馆之中的信息服务体验。这种模式不仅在视觉上为用户提供了逼真的图书馆环境，而且在心理、生理和感官上都给用户带来了全新的感受。

用户可以通过虚拟 3D 图书馆模式，自由地浏览书架、查阅资料、参与互动式学习和交流，甚至可以模拟图书馆内的各种活动，如讲座、研讨会等。这种模式使用户在享受信息服务的同时，也能感受到一种沉浸式的体验，仿佛真的身处一个充满知识和智慧的实体图书馆之中。

第四节　基于移动图书馆的服务模式创新

移动图书馆是新技术环境下图书馆服务的新形态，是数字图书馆基于移动终端设备的延伸，是图书馆服务模式的创新性表现，也是图书馆顺应时代提升技术的表现。图书馆丰富的馆藏资源为移动图书馆服务的开展提供资源支持。移动图书馆根据用户信息需求，确定合理的移动图书馆服务系统、服务内容和服务模式，创新移动图书馆服务，与传统图书馆服务、数字图书馆服务共同成为图书馆服务集合，满足用户泛在化的需求。

一、移动图书馆及其特点

移动图书馆也叫流动图书馆、无线图书馆、掌上图书馆、手机图书馆等。最早是以汽车图书馆或流动图书车的形式作为公共图书馆的一个服务项目服务于分散或偏远地区用户。随着远程网络通信的发展，出现了通过电子传输把图书馆信息服务直接送到用户家中的电子流动图书，后来逐步演变为用户可以通过互联网远程在线访问图书馆的数字化馆藏资源的数字图书馆。20世纪末，伴随无线通信网络和移动接入技术的逐渐成熟，用户通过手机、PDA等手持移动设备随时随地接收或访问图书馆信息服务，实现了由流动的实体图书馆向移动的虚拟图书馆的进阶转变。进入21世纪后，国内各图书馆相继开展模式和内容丰富多样的移动服务，逐渐迎来真正意义上的移动图书馆服务。移动图书馆是指依托于国际互联网、多媒体、无线移动网络等，用户不受地点、时间、空间的制约，通过使用一些移动设备（如手机、平板电脑、笔记本电脑、E-book等），方便、快捷地进行图书信息的查询、浏览的一种新兴的图书馆信息服务，是数字图书馆电子信息服务的延伸与补充。移动图书馆服务具有移动性、便携性、实时性、丰富性和主动性的特点。目前，移动图书馆服务主要包括读者账户、馆藏查询、书刊导航、热门推荐、参考咨询、服务指南、新书通报、开馆时间、相关新闻、意见反馈、活动通知、讲座信息等。

二、移动图书馆服务模式及服务功能

（一）移动图书馆服务模式

1. 短信息服务

短信息服务作为一种移动图书馆服务模式，率先得到了广泛的应用。其主要特点包括速度快、效率高、费用低廉以及操作简便易行。具体来说，短信息服务主要分为两大类：信息推送服务和短信咨询服务。通过这些服务，用户可以享受到多种便利的功能。

首先，信息推送服务能够及时向用户发送新书推介、讲座通知等信息，帮助用户第一时间了解图书馆的最新动态。其次，短信咨询服务则为用户提供欠费提醒、逾期催还等通知，确保用户能够及时处理相关事宜，避免麻烦。此外，短信息服务还包括资料预约、图书续借等功能，用户可以通过简单的短信操作，轻松预约所需资料或延长借阅时间。借阅查询功能则允许用户通过短信查询自己当前的借阅情况，包括已借图书、借阅期限等信息，方便用户合理安排借阅计划。最后，参考咨询服务为用户提供了一个便捷的途径，通过短信向图书馆咨询各种问题，获取专业解答和指导。

2.WAP 移动网站服务

WAP 移动网站服务，全称为无线应用协议移动网站服务，是在短信息服务之后逐渐兴起并被广泛推广的一种新型服务模式。WAP 网站服务模式主要是通过智能手机访问专用和通用网站的形式来提供服务，已经成为目前用户利用互联网与移动图书馆进行互动的主要方式之一。

随着智能手机的普及和移动互联网技术的飞速发展，WAP 移动网站服务已经逐渐成为人们获取信息和进行各种网络操作的重要途径。与传统的短信息服务相比，WAP 移动网站服务具有更高的灵活性和更强的互动性。用户不仅可以随时随地通过智能手机访问各种专用和通用网站，获取所需的信息和服务，还可以通过 WAP 网站进行在线购物、在线支付、在线阅读等多种操作，大大提高了生活的便利性和效率。

3.客户端应用服务

客户端应用服务，作为一种移动增值服务模式，已经逐渐成为移动图书馆和数字图书馆与移动终端应用紧密结合的产物。这种服务模式不仅功能强大，扩展性强，而且内容丰富，可定制化程度高，趣味性十足。在国外，图书馆行业中已经逐渐普及这种客户端应用服务，而在国内，图书馆也正逐步引进和尝试这种服务模式。其中，利用 App 提供服务便是其中的一种尝试。

客户端应用服务之所以备受关注，主要是因为它具有独特的优势。自从这种服务模式被运用到图书馆以来，它就一直受到广泛的关注。这种服务模式不仅能够提供丰富的信息资源，还能够提供个性化的服务，满足不同用户的需求。同时，这种服务模式还具有强大的扩展性，可以根据用户的需求进行扩展和升级，提供更多的功能和服务。

（二）移动图书馆服务功能

目前，国内利用短信、WAP 模式、应用程序这三种模式开展图书馆移动服务，主要有常规服务、馆藏服务、个性化的服务、WAP 创新服务和手机阅读服务，实现的主要服务功能如下。

1. 常规服务

本服务功能主要包括开闭馆时间、图书馆新闻、服务介绍、新书通报。

2. 馆藏服务

本服务功能主要包括书目查询、资源导航、数据库检索、联合资源平台。

3. 个性化的服务

本服务功能主要包括我的图书馆、图书馆博客、微信公众平台、学科化服务、参考咨询、信息推送。

4.WAP 创新服务

本服务功能主要包括深化传统服务、拓展全新移动服务、直接面向用户服务、与用户互动交流。

5. 手机阅读服务

本服务功能主要包括手机二维码、电子阅读器、手机电子书下载、手机全文阅读。

三、移动图书馆应用现状和发展趋势

我国开展移动图书馆服务的时间相对较晚，大部分图书馆的移动服务均以短信息服务和 WAP 网站服务模式为主，主流服务模式为 WAP 网站服务模式，主要是基于图书馆的基本服务，延伸性和拓展性的服务远不如国外。随着越来越多的图书馆开通 WAP 网站移动服务，服务功能已从短信通知、图书续借、预约通知等简单的功能逐渐向书目查询、数据库检索甚至统一检索、全文阅读等复杂功能转变。客户端应用功能强大、使用便捷，丰富了移动图书馆服务的模式与手段，受到广大用户的欢迎，但目前尚缺乏必要的资源支持。

（一）手持式终端设备智能化

随着科技的不断进步，上网速度变得越来越快，屏幕尺寸也越来越符合人体工程学的需求。处理速度和存储能力方面，设备变得越来越强大，能够轻松应对各种复杂任务。与此同时，操作系统界面也变得更加友好，用户体验得到了显著提升。服务内容和形式也在不断丰富和多样化，更加注重人性化设计，以满足不同用户的需求。

未来，内容和格式将会实现分离，这将带来更大的灵活性和可扩展性。首先，不同数据库平台之间的统一检索问题将得到解决，用户将能够在一个平台上轻松检索到跨平台的数据。其次，不同手持设备之间的统一访问问题也将得到解决，无论用户使用何种设备，都能获得一致的访问体验。最后，不同数据存储格式的兼容问题也将得到解决，数据在不同系统和设备之间传输时将不再存在障碍。这些技术进步将极大地提升信息的可获取性和易用性，为用户带来更加便捷和高效的信息体验。

（二）服务模式体系化

未来图书馆将致力于实现服务模式的全面化和多样化，跟踪移动技术的进步与变化，建设系统的体系化服务模式。因此，为了更好地满足广大读者的需求，图书馆必须进行科学的规划和合理的布局，确保 3 种主要服务模式能各安其位、各尽其责。首先，图书馆需要保留并充分利用短信服务这一传统模式，通过优化短信服务流程和提升服务质量，使其在信息传递和通知方面继续发挥重要作用。其次，图书馆应充分发挥 WAP 模式的核心作用，作为当前主流的服务方式，WAP 模式在移动设备上的便捷性和高效性是不可替代的。图书馆应不断优化 WAP 网站的用户体验，确保信息的及时更新和准确传递，使其成为读者获取信息的重要渠道。

在此基础上，图书馆还应积极发展客户端模式，通过开发和推广专门的应用程序，为读者提供更加个性化和便捷的服务。客户端模式可以实现更精准的信息推送、更丰富的互动功能以及更高效的资源管理，从而满足读者对高质量服务的期待。

这 3 种服务模式之间应相互渗透、相互作用，形成一个全面而系统的服务模式体系。通过这种综合性的服务体系，图书馆能够更好地满足不同层次人群多样化的信息需求。无论是习惯使用传统短信服务的老年读者，还是依赖 WAP 模式获取信息的中青年读者，抑或追求个性化服务的年轻读者，图书馆都能提供相应的服务方式，确保每一位读者都能获得满意的阅读体验和信息支持。

（三）服务功能层次化

在构建一个服务系统时，按照服务层次由低到高的顺序进行排列，可以形成一个层次化的服务体系。这样的体系能够更好地满足用户在不同层次上的需求。以美国著名的康奈尔大学为例，该校图书馆提供了一系列层次化的服务项目，包括常规服务、课程帮助以及研究帮助等。这些服务项目按照用户需求的不同，逐步提升服务的深度和专业性。

在常规服务方面，康奈尔大学图书馆提供了诸如开馆时间查询、个人账号管理、借阅与传递服务等基础性服务内容。这些服务为用户提供了图书馆的基本使用指南，帮助用户更好地了解和利用图书馆资源。此外，图书馆还提供了资源的一站式检索服务，用户可以通过一个统一的平台，快速找到所需的书籍、期刊和其他资源。

在课程帮助方面，图书馆提供了检索与预订课程服务，帮助学生和教师更便捷地获取与课程相关的资料。此外，图书馆还提供了主题和课程指南，为用户在特定学科领域或课程学习中提供更为专业的资源推荐和指导。

（四）服务方式人文化

服务系统的设计注重简洁性和实用性，始终将用户操作的便捷性放在首要位置。系统不仅重视服务功能的完善，还致力于提供丰富多样的信息资源，以满足用户的各种需求。通过贴近生活的服务内容，系统力求为用户提供更加贴心和实用的服务体验。

（五）宣传推广科学化

要改变那种仅仅将移动图书馆视为传统图书馆服务辅助手段的陈旧观念，我们需要更加重视其推广工作。为此，我们应当制定一系列合理且有效的宣传推广方式，确保移动图书馆服务能够得到广泛认知和使用。具体来说，我们可以在图书馆的官方网站上提供全面的导航，确保用户能够轻松找到他们需要的信息。

此外，还应该将与移动图书馆服务相关的宣传推介内容放置在主页的显眼位置，以便用户一进入网站就能看到这些信息。通过这种方式，可以有效地吸引用户的注意力，提高他们对移动图书馆服务的认知度，从而促进其使用率的提升。

（六）客户端资源丰富化

图书馆需要进一步加大在客户端应用软件开发方面的投入和力度，以确保能够更好地满足用户的需求。同时，也要深化对馆藏资源的开发工作，挖掘更多的潜在价值。此外，我们应加速将更多的纸质资源和电子资源转化为客户端应用资源，以便用户能够更加便捷地获取和使用这些资源。通过这些努力，可以进一步充实和丰富特色馆藏，为用户提供更加多样化和高质量的服务。

第五节　基于图书馆联盟的服务模式创新

任何一个图书馆都不可能利用自身拥有的文献资源完全满足用户的全部需要，产生资源共建共享、利益互惠的图书馆合作群体是必然趋势，并逐渐发展为图书馆联盟服务。各种类型的图书馆相互之间的合作和图书馆资源共建共享的联盟服务的力量远远超越任何一个独立图书馆。随着科学技术的不断进步和网络环境的飞速发展，移动网络成为网络发展主体，移动图书馆联盟模式也必然成为未来发展的主体模式。

一、图书馆联盟及其目的

图书馆联盟是指多个图书馆之间为了实现共同的目标和利益，通过签订某种合作协议而建立起来的一种联合体。这种联合体以若干个图书馆为主体，联合了相关的信息资源系统，遵循统一的技术标准和工作程序，共同执行一项或多项合作功能。图书馆联盟是由传统的馆际合作逐步发展演变而来的。图书馆联盟必须由多个图书馆联合构成，这些图书馆之间有需要共同遵守的制度和协议，以确保联盟的正常运作。同时，图书馆联盟还设有专门的成员组织，负责管理和监督联盟的运作，协调各成员之间的关系，以实现资源的共建共享，达到利益互惠的目的，并更好地为用户提供服务。

图书馆联盟的发展不仅对联盟本身的研究发展方向产生深远影响，还会直接影响其服务方式。随着信息技术的不断发展和用户需求的日益多样化，图书馆联盟需要不断调整和优化其服务模式，以适应新的挑战和机遇。通过加强合作，图书馆联盟可以更有效地整合资源，提高服务质量和效率，从而更好地满足用户的需求，推动图书馆事业的发展。

二、图书馆联盟的作用和类型

越来越多的用户对信息的需求超越了地区、国家的限制而转向对全球信息的需求。图书馆联盟则可通过虚拟馆藏，用联合共建的方式打破地域限制，克服传统图书馆合作中各自为政的条块障碍和合作完全由行政主导的缺陷，将分散的资源经过有序的组织后，提供一个海量信息通道满足读者的需要。

在国外，图书馆联盟的基本类型主要有：基于大规模计算机自动化系统运作的大型联盟、提供读者服务与处理日常业务的小型联盟、限于某一特定专题领域的专业联盟和为解决馆际互借或信息参考合作而建立的联盟。比如，国际图书馆联盟协会是最早的国际图书馆联盟组织，该组织拥有世界各地的图书馆成员馆。联机计算机图书馆中心是最著名的图书馆网络联盟组织，已经发展成为世界上最大的图书馆网络联盟，向世界多个国家和地区的图书馆提供信息服务。

在我国，主要有全国性图书馆联盟与区域性图书馆联盟、专业性图书馆联盟与综合性图书馆联盟等。全国性的图书馆联盟主要包括"中国数字图书馆工程""中国高等教育文献保障系统""国家科技图书文献中心"和"全国文化信息资源共享工程"，其中以"中国高等教育文献保障系统"最具代表性。有代表性的区域性图书馆联盟主要有"上海高校网络图书馆"、湖北50多所高校共同签署的"通借通阅与文献传递协议"、浙江大学等单位承担的"中美百万册数字图书馆"（中国教育科技数字图书馆）建设项目等。

三、图书馆联盟的服务模式

（一）馆际互借与文献传递

馆际互借服务分为用户自行借阅和图书馆代借。用户自行借阅是指联盟成员馆的读者凭有效证件，自行到成员馆借阅文献；图书馆代借是指读者通过馆际互借中心网站申请，由本校图书馆代为借阅文献的服务。文献传递服务是图书馆工作人员根据用户需求，通过传真、复印邮寄或 E-mail 电子文本等形式，为读者提供馆内文献或获取其他图书馆文献的服务。

（二）统一检索

图书馆联盟致力于提供一种便捷的资源跨库统一检索服务，旨在满足用户在异构系统中进行高效检索的需求。通过这一服务，用户可以根据不同的分类标准，如学科领域、数据库名称、文献类型等，同时对多个系统中的多种资源进行检索。这些资源涵盖了各类数据库、电子期刊以及电子图书等。用户在检索过程中不仅可以获得详细的记录，还能方便地进行全文下载，极大地提高了检索效率和资源利用的便捷性。此外，如果用户有特定的需求，也可以单独访问某个特定的数据库，进行更为具体和深入的资源检索。这种灵活多样的检索方式使用户能够根据自己的研究或学习需求，快速准确地获取所需的各类文献资源。

（三）参考咨询

参考咨询指在联盟内的网络平台上，充分利用各联盟成员所拥有的专家资源和学科专业知识开展的一种问答式的互动服务。这种服务通常结合了实时咨询和非实时咨询两种方式，以满足不同用户的需求。实时咨询指的是咨询馆员通过在线系统与读者进行实时的交流互动，用户可以即时获得所需的信息和帮助。而非实时咨询则是指用户在咨询系统内填写相关的咨询表单，详细描述他们的问题和需求，然后等待咨询馆员在适当的时间内给出回复。这种方式为用户提供了更加灵活和便捷的咨询服务，确保了他们能够在任何时候获得所需的专业支持和解答。

（四）定题服务与代查代检

定题服务与代查代检是联盟根据用户的特定需求而开展的全程文献检索服务，旨在提供针对性较强、专注度较高的信息服务。通过这种服务，联盟能够深入理解用户的具体需求，将用户描述的课题或特定需求的主题词、关键词作为检索入口，在从开题立项到成果验收的整个过程中，全程开展文献检索服务。这种服务不仅涵盖了广泛的文献资源，还能够根据用户的实际需求进行定制化检索，确保检索结果的准确性和实用性。通过代查代检服务，用户可以节省大量的时间和精力，专注于课题研究的核心部分，而不必花费过多时间在文献检索上。这种全程文献检索服务的开展，不仅提高了用户的研究效率，还为用户提供了高质量的信息支持，帮助他们在学术研究或项目开发中取得更好的成果。

（五）科技查新

科技查新是指利用计算机检索和手工检索等多种手段，通过综合分析和对比方法，为读者在科研立项、成果鉴定等方面提供事实依据的一种信息咨询服务。提供这种服务的目的是帮助用户避免进行重复的研究工作，从而提高科研效率和质量。

具体来说，科技查新工作包括以下几个方面：首先，通过计算机检索系统，可以快速地获取大量的文献和数据资源，这些资源涵盖了各个学科和领域的最新研究成果。其次，手工检索则可以补充计算机检索的不足，通过查阅相关的书籍、期刊和会议论文等，获取更为详细和深入的信息。此外，综合分析和对比方法是科技查新工作的核心，通过对检索到的信息进行深入分析和对比，可以揭示出研究领域的现状和发展趋势，为用户的研究提供有力的支持。

科技查新服务不仅能够帮助用户了解研究领域的最新进展，避免重复研究，还能够为科研立项提供科学依据，为成果鉴定提供客观评价。通过这种信息咨询服务，用户可以更加高效地开展科研工作，提高研究的创新性和实用性。总之，科技查新是科研工作中不可或缺的一部分，对于推动科学技术的发展具有重要意义。

（六）网上培训

网上培训活动主要包括针对图书馆馆员的专业培训以及针对用户的使用培训。一方面，对于馆员培训，其主要目的是提升联盟成员馆的在职员工的专业技能和服务水平，通过一系列的在职培训课程和实践活动，使他们能够更好地为读者提供高质量的服务。这种培训通常会涵盖各种专业知识和技能，如文献检索、信息管理、读者服务技巧等，以确保馆员能够跟上行业发展的步伐，满足用户的需求。

另一方面，针对用户培训则是为了让广大用户更好地了解和利用图书馆提供的各种信息服务。这种培训通常会介绍用户可以获取哪些类型的信息资源，以及如何高效地获取和利用这些资源。培训内容可能包括数据库的使用方法、电子资源的检索技巧、在线参考咨询服务的使用等。通过这些培训，用户可以更加熟练地掌握各种信息检索工具，提高信息获取的效率和质量。

例如，CALIS 中心会在各省的分中心组织一系列的培训活动，旨在向联盟成员馆的馆员和用户提供系统的培训服务。这些培训活动不仅有助于提升馆员的专业素养，还能帮助用户更好地利用图书馆的资源和服务，从而充分发挥图书馆在教育和科研中的重要作用。通过这种双向培训机制，图书馆能够更好地服务于联盟成员馆和广大用户，推动知识的传播和学术的发展。

（七）个性化服务

个性化服务是指用户可以根据自己的兴趣和需求，自主设定并跟踪特定学科领域中的专题。通过这种服务，用户能够自动获取联盟中心最新发布的相关专题信息。用户可以直接调取相关内容，或者根据自己的需求，请求联盟信息专家主动推送或提供个体专题信息的服务。这种服务不仅提高了用户获取信息的效率，还确保了信息的针对性和实用性，使用户能够更加便捷地获取到自己真正需要的信息。

四、图书馆联盟的发展

图书馆联盟的发展经过了为实现图书馆之间馆藏文献资源联合编目、联合目录、文献传递、参考咨询的共建共享而形成的，以地域式资源共享模式、主题式资源共享模式、组织协作共享模式为主的传统图书馆联盟阶段，进入了以数字化信息资源共享为标志的数字图书馆联盟发展阶段。目前，随着泛在知识环境的深入发展，图书馆联盟又逐渐进入了一个全新的发展阶段——移动图书馆联盟。

（一）移动图书馆联盟

移动图书馆联盟是图书馆以无线网络技术为知识资源推送手段，以合作方成员自有资源与网络资源为知识仓库，与移动运营商、数据库开发商、网络信息技术公司等网络运营商、服务商等以商业化运作的形式组织起来的、受共同认可的协议和合同制约，以实现资源共享、互惠互利为目的，以实现读者任何时间、任何地点都能无限制地获取信息资源为目标的联合体。这是一种完全不同于以往图书馆联盟与数字图书馆联盟的全新的组织形式，是一个面向用户的信息服务平台，也是图书馆信息资源共享发展的新趋势。

（二）移动图书馆联盟信息服务平台功能

移动图书馆联盟信息服务平台主要有用户管家、学科服务和咨询服务、移动信息定制、特色服务和联盟 BBS 这些服务功能，是用户与联盟服务人员进行信息交流的媒介，用户可以通过信息服务平台更快捷、方便地从图书馆联盟内获得所需信息资源。用户之间也可以实现知识的交互传递，是面向用户需求的全方位、多层次、多元化的移动信息服务。

1. 用户管家功能

该功能是在用户进行图书浏览和检索过程中主动为用户提供检索帮助、图书收藏以及联盟文献资源推荐服务，提供信息导航，指引用户快速获取所需信息并自动整理和更新用户浏览过的图书供用户选择使用。

2. 学科服务和咨询服务功能

该功能整合各专业学科及相关学科信息，方便用户能够在任何环境下获取所需的信息资源，提供个性化的服务和定制服务。为用户提供多种在线咨询服务和表单咨询服务，帮助用户解决服务过程中遇到的任何问题。

3. 移动信息定制服务功能

该功能随时为用户提供用户定制的相关内容，根据用户查询内容分析用户资源利用动向和信息获取方向并进行推送，提供全程式的跟踪服务，是针对性较强的学科专业化定制服务。

4. 特色服务和联盟 BBS

该功能为用户提供天气、交通、生活百科等特色服务和个性化的定制服务。通过联盟平台进行交流，可以是馆员间的交流，也可以是用户和馆员的交流或者是用户之间的交流。

（三）移动图书馆联盟的意义

移动图书馆联盟由供应商提供整套的移动数字图书馆系统解决方案，解决了以往图书馆联盟信息资源有限的问题与版权问题，其管理体制与运行机制为移动图书馆联盟的运作提供了良好的内外部环境，有利于获得稳定的财政支持，拓宽资金来源渠道。移动图书馆联盟可以有效地整合联盟图书馆海量的纸质馆藏资源、数字信息资源与优质的信息服务，真正达到让用户在任何时间、任何地点都能够方便快捷、无限制地访问并共享任何一个图书馆的信息资源，成为图书馆联盟科学发展的共享模式，是图书馆联盟可持续发展的有效途径。可以预见，未来的图书馆联盟必将是移动图书馆联盟，移动图书馆联盟必将成为图书馆信息资源共享的发展新方向与理想模式。

参考文献

[1] 李玮 . 数字图书馆建设路径与服务模式创新研究 [M]. 长春：吉林出版集团股份有限公司，2023.

[2] 庞余良，董恩娜，温颖 . 数字化图书馆建设与阅读服务创新 [M]. 长春：吉林人民出版社，2021.

[3] 谢红星，文鹏 . 高等学校青年教师专业发展能力提升研究 [M]. 武汉：武汉大学出版社，2022.11.

[4] 付超 . 数字图书馆建设与用户服务 [M]. 长春：吉林科学技术出版社，2020.

[5] 史全斌，张铁钢 . 数字图书馆发展模式研究 [M]. 哈尔滨：哈尔滨工程出版社，2023.

[6] 高伟 . 图书馆建设与阅读服务管理 [M]. 长春：吉林人民出版社，2021.

[7] 金晶 . 智慧教育时代高校教师信息化教学能力的发展路径研究 [M]. 南京：东南大学出版社，2023.

[8] 吴玉灵，廖叶丽 . 现代图书馆智慧服务理论技术与实践 [M]. 南昌：江西高校出版社，2022.

[9] 郝庆波，张晓楠 . 大数据时代高校教师教学能力提升策略研究 [M]. 长春：吉林人民出版社，2020.

[10] 罗颖 . 图书馆管理与数字化建设研究 [M]. 长春：吉林出版集团股份有限公司，2022.

[11] 陈卓 . 现代高校教师教学能力提升策略研究 [M]. 北京：中国纺织出版社，2022.

[12] 蒙有华．新时代背景下的高校教师队伍建设的探索与实践 [M]. 长春：吉林出版集团股份有限公司，2022.

[13] 胡晶晶．数字图书馆的建设与阅读推广的创新研究 [M]. 长春：吉林科学技术出版社，2021.

[14] 胡立卫，李辉，邓林．高校教师教学能力提升策略研究 [M]. 长春：吉林出版集团股份有限公司，2022.

[15] 张万民，郭牧原，桂芳芳．数字图书馆信息建设与服务实践 [M]. 上海：上海交通大学出版社，2023.

[16] 韩春磊．公共图书馆馆藏文献资源数字化建设 [M]. 长春：吉林摄影出版社，2022.

[17] 王文．数字环境下的图书馆管理与阅读服务 [M]. 北京：现代出版社，2020.

[18] 宋菲，张新杰，郭松竹．图书馆资源建设管理与阅读服务研究 [M]. 吉林人民出版社，2021.

[19] 白晓燕．智慧图书馆建设与应用实践 [M]. 长春：吉林人民出版社，2023.

[20] 贾虹．智慧图书馆及其服务创新研究 [M]. 北京：中国农业出版社，2022.

[21] 邓润阳．图书馆阅读服务与现代信息管理 [M]. 长春：吉林出版集团股份有限公司，2022.

[22] 王清芳，于景红，张新杰．大数据时代下数字图书馆建设与创新 [M]. 长春：吉林文史出版社，2021.

[23] 杨军．图书馆信息化建设与智库服务研究 [M]. 北京：北京工业大学出版社，2021.